인공지능과 감성 공학

AI문고

인공지능 시대입니다. 기계가 인간의 인지를 대신하고, 사물이 인간을 통하지 않고 다른 사물과 직접 커뮤니케이션합니다. 이에 따른 인간 삶과 문명 변화를 정확히 이해·예측·대응하는 것은 이 시대 우리 모두의 과제입니다. AI문고는 인공지능 기술과 환경의 여러 주제를 10가지 키워드로 정리합니다. 관련 개념과 이론, 학계와 산업계의 쟁점, 우리 일상의 변화를 다룹니다. 인간과 기술의 현재, 미래를 세심히 분석합니다.

일러두기

- 인명, 작품명, 저서명, 개념어 등은 한글과 함께 괄호 안에 해당 국가의 원어를 병기했습니다.
- 외래어 표기는 현행 어문규정의 외래어표기법을 따랐습니다.

처음이세요?

전문가세요?

인공지능과 감성 공학

이성태

대한민국, 서울, 커뮤니케이션북스, 2025

인공지능과 감성 공학

지은이 이성태
펴낸이 박영률

초판 1쇄 펴낸날 2025년 3월 19일

커뮤니케이션북스(주)
출판 등록 2007년 8월 17일 제313-2007-000166호
02880 서울시 성북구 성북로 5-11
전화(02) 7474 001, 팩스(02) 736 5047
commbooks@commbooks.com
www.commbooks.com

ISBN 979-11-7307-532-2 03500

책값은 뒤표지에 표시되어 있습니다.

차례

감성을 이해하는 인공지능과 인간의 새로운 연결

인공지능(AI)의 발전은 우리의 삶을 혁신적으로 변화시키고 있다. 이러한 변화의 중심에는 감성을 이해하는 인공지능이 자리 잡고 있다. 감성 인공지능은 인간의 감정을 인식하고 적절히 반응하는 능력을 갖춘 기술로, 우리의 소통 방식에 큰 영향을 미친다. 이제 기계가 단순한 계산과 작업 수행을 넘어서, 인간의 감정에 반응할 수 있는 시대가 열린 것이다.

인간과 AI 간의 관계는 기본적으로 의사소통을 통해 형성된다. 이 의사소통에서 감성의 역할은 필수적이다. 사람들이 감정을 표현할 때, 그 반응은 개인의 기분과 상황에 따라 달라지므로 AI가 이를 이해하지 못한다면 인간적인 상호 작용은 불가능해진다. 특히, 감성 인공지능이 인간의 목소리, 표정, 몸짓 등을 분석하여 적절한 소통을 끌어내는 능력은 매우 중요하다.

감성 인공지능의 활용과 가치는 다양한 산업 분야에 응용되고 있다. 고객 서비스에서 가상 비서는 고객의 감정을 인지하고 적절한 반응을 하여 더 나은 고객 경험을 창출한다. 헬스케어 분야에서는 감성 상태를 분석하여 환자의 심리적 상태를 이해하고 효과적인 치료 접근 방식을 제안하며, 교육 분야에서는 학습자의 감정을 이해하여 맞춤형 교육을 제공하고 학습 효과를 높인다.

AI가 감성을 이해함으로써 사용자와의 상호 작용은 더 자연스러워지고, 기계는 단순한 도구를 넘어 감성적인 교감을 할 수 있는 존재로 자리 잡게 된다. 그러나 감성을 이해하는 AI의 발전은 여러 윤리적 문제를 동반하게 된다. 감정은 개인의 민감한 정보이므로, 이를 다루는 과정에서 개인의 사생활이 침해될 우려가 있다. 우리는 기계에 우리의 감정을 전달할 때, 그 정보가 어떻게 사용될 것인지에 대한 명확한 기준과 규제 또한 필요하다.

책의 구성

각 장의 구성과 주요 내용을 요약해 보고자 한다.

감성 인공지능의 역사적 배경과 발전 과정에서 감성 인공지능은 초기의 단순한 사고 모델에서 시작하여 기계 학습과 데이터 분석의 발전을 통해 더욱 정교하게 인간의 감정을 인식하는 기술로 성장해 왔다. 감성 인공지능이 제공할 다양한 가능성을 이해하게 되며, 이 기술이 인간과의 상호 작용을 어떻게 개선해 나가는지를 알 수 있게 된다.

초기 감성 인공지능은 제한된 데이터와 기초적인 알고리듬에 의존했으나, 현재는 대량의 데이터를 활용한 심층 학습 기법이 도입되어 감정 인식의 정확성이 크게 향상되었다. 다양한 형태의 감성 데이터, 텍스트 · 음성 · 표정 등을 분석하는 기술들이 발전하면서 인공지능은 인간의 감정에서 미세한 변화를 감지할 수 있게 되었다.

이 기술은 고객 서비스, 건강 관리, 개인 비서 등 여러 분야에서 활용되며, 인간과 기계 간의 더 자연스러운 소통을 가능하게 하고 있다. 감성 인공지능의 발전은 단순한 감정 인식을 넘어 사용자의 요구와 감정을 이해하여 좀 더 맞춤형 서비스를 제공하는 방향으로 나아가고 있다. 감성 인공지능은 인간과 기계 간 상호 작용의 새로운 지평을 열며 앞으로의 발전 가능성에 대한 기대를 높이고 있다.

기계 학습과 딥러닝은 감성을 인식하고 처리하는 데에 중요한 역할을 한다. 감성 인식이란, 인공지능이 사람의 감성을 인식하고 그에 맞는 반응을 학습하는 과정이라 할 수 있다. 감성은 표정, 음성 톤, 몸짓, 그리고 텍스트에서 표현된다. 인공지능은 이러한 데이터를 학습하여 인간의 감성을 정확히 인식할 수 있도록 훈련된다.

기계 학습에서는 감성 데이터를 정리하고 분류한 다음, 알고리듬을 통해 인공지능이 이러한 데이터를 학습하게 된다. 인공지능은 데이터에서 패턴을 찾아내고, 이를 기반으로 새로운 감성 상태를 예측할 수 있다. 웃는 얼굴이 감성을 나타내는 이미지를 학습한 인공지능은 새로운 웃는 얼굴을 보고 그 감성을 "행복"이라고 예측할 수 있는 것이다.

딥러닝에서는 이 과정이 더욱 복잡하고 정교하게 이루어진다. 얼굴의 미세한 근육 움직임이나 음성의 미세한 변화까지도 분석하여, 인공지능은 표정이나 목소리에서 감성의 미묘한 차이를 인식할 수 있게 된다. 이러한 기술은 고객 서비스, 정신 건강 관리 등 다양한 산업 분야에서 활용될 수 있다.

감성 인식 기술의 발전은 기계와 인간 간의 관계를 더욱 깊고 의미 있게 만들어 주며, 사용자에게 더 나은 경험을 제공하는 데에 기여할 수 있다. 감성 인식 기술이 발전함에 따라 인공지능은 더욱 정교하게 인간의 감정을 이해하고 그에 맞춰 반응할 수 있는 능력을 갖추게 될 것이다.

자연어 처리 기술이 감정 표현을 인식하는 방법은 텍스트 분석을 통해 인공지능이 긍정적 감정과 부정적 감정을 어떻게 분류하는지에 대한 구체적인 사례를 제시할 것이다.

자연어 처리와 감성 분석은 텍스트에서 감성을 이해하고 반응하는 데에 필요하다. 이러한 기술을 통해 인공지능은 사용자 감성을 분석하고, 맞춤형 응답을 제공하며, 고객 서비스나 소셜 미디어 분석 등에서 활용할 수 있다. 자연어 처리와 감성 분석의 기초 개념은 쉽게 이해할 수 있도록 구성되어 있으며, 다양한 실생활 응용 사례를 통해 인공지능 기술이 어떻게 감성을 인식하고 사용자와 상호 작용하는지를 설명한다.

감성 분석은 텍스트에서 감성이나 의견을 추출하는 기술로, 텍스트는 우리가 감성을 표현하는 중요한 수단이다. 감성 분석을 통해 인공지능은 특정 텍스트가 긍정적인지, 부정적인지, 아니면 중립적인지를 판단할 수 있다. 감성 분석은 자연어 처리 기술을 바탕으로 텍스트 내에서 감성적인 요소를 추출하고 분류하는 과정이다. "이 제품은 정말 좋아요!"라는 문장은 긍정적인 감성을 담고 있고, "이 서비스는 형편없어요"라는 문장은 부정적인 감성을 나타낸다. 클로바 센티멘트(CLOVA Sentiment)

는 네이버에서 제공하는 API로, 텍스트 데이터를 분석하여 해당 내용의 감정을 긍정 · 부정 · 중립으로 분류할 수 있다. 이 서비스는 자연어 처리(NLP) 기술을 활용하여 감정 분석을 수행한다. 인공지능은 감성 분석을 통해 이러한 문장에서 긍정적 혹은 부정적인 감성을 구분할 수 있다.

감성 분석은 다양한 응용 분야에서 유용하게 활용된다. 소셜 미디어 게시물의 감성을 분석하여 대중의 반응을 파악하거나, 고객의 평을 분석하여 제품에 대한 피드백을 수집할 수 있다. 또한, 기업은 이러한 데이터를 바탕으로 마케팅 전략을 조정하거나 고객 서비스 개선에 활용할 수 있다. 감성 분석은 정치적 여론 조사나 브랜드 이미지 관리에도 중요한 역할을 한다.

자연어 처리와 감성 분석 기술은 빠르게 발전하고 있으며, 앞으로 인공지능은 더욱 정교하게 텍스트에서 감성을 인식하고 사용자와 더 인간적으로 상호 작용할 수 있을 것이다. 특히 대화형 인공지능이나 가상 비서와 같은 기술이 발전하면서, 감성 분석을 통해 사용자와의 대화가 더욱 자연스럽고 인간적으로 될 것이다. 또한, 감성 분석은 고객 서비스와 소셜 미디어 분석을 넘어 의료, 교육, 심리 치료 등 다양한 분야에서도 중요한 역할을 하게 될 것이다.

이러한 방식으로 감성 분석은 고객과의 상호 작용을 개선하고, 고객의 요구를 더욱 효과적으로 충족시키는 데에 기여할 것이다. 인공지능은 고객의 감정을 이해하고, 그에 맞춘 대응을 통해 고객의 신뢰를 얻고, 브랜드에 대한 긍정적인 이미지를 형성하는 데에 도움을 줄 수 있다. 결과적으로, 자연어 처리와 감성 분석의 결합은 고객 서비스의 품질을 한층 높이는 중요한 요소로 작용할 것이다.

컴퓨터 비전과 감성 인식에서는 얼굴 표정 인식, 음성 분석 등 시각적 정보를 통해 감정을 이해하는 컴퓨터 비전 기술에 초점을 맞춘다. 인공지능은 이러한 정보를 분석하여 인간의 감정을 정확히 인식하고 반응하는 방법을 설명할 것이다. 이제 이를 통해 감성 인식 기술이 실제 생활에서 어떻게 활용될 수 있는지를 알게 된다.

컴퓨터 비전과 감성 인식은 표정, 제스처 등을 통해 감성을 파악하는 데에 필수적인 기술이다. 이러한 기술을 통해 인공지능은 인간의 감성을 시각적으로 이해하고 반응하며, 로봇 공학, 보안, 헬스케어 등 다양한 분야에서 활용될 수 있다. 컴퓨터 비전과 감성 인식의 기본 개념은 쉽게 이해할 수 있도록 설명되며, 이 기술들이 어떻게 다양한 분야에서 응용되는지를 구체적으로 알 수 있다.

감성 인식은 컴퓨터가 인간의 감성을 인식하고 분석하는 기술로, 감성은 표정 · 음성 · 제스처와 같은 비언어적 신호로 표현된다. 인공지능은 이러한 신호를 분석해 사용자의 감성을 파악할 수 있다. 얼굴에서 나타나는 미세한 근육의 움직임은 화남 · 기쁨 · 슬픔 등의 감성을 나타낼 수 있으며, 인공지능은 이러한 미세한 변화를 분석하여 사람의 감성 상태를 추론한다. 2024년 울산과학기술원(UNIST) 김지윤 신소재공학과 연구 팀은 얼굴 근육의 변화와 음성 등을 감지해 실시간으로 감정을 인식할 수 있는 기술을 개발했다. 얼굴에 기기를 착용해 감정을 인식하는 '착용형 인간 감정 인식 기술'을 세계 최초로 개발한 것이다.

특히, 감성 인식 기술의 중요한 요소는 표정 분석과 제스처 인식이다. 표정 분석은 눈썹, 입, 눈 주변의 근육 움직임을 기반으로 감성을 추정하는데, 예를 들어 눈썹의 움직임은 특정 감성을 감지하는 데에 활용된다. 감성 인식 시스템은 카메라를 통해 사용자의 얼굴을 분석하고, 표정과 눈빛, 입술의 움직임을 감지하여 그 사람이 화가 났는지, 행복한지, 슬픈지 등을 인식한다. 이 과정에서 컴퓨터 비전 기술은 이미지에서 얼굴을 추출하고, 감성 인식 알고리듬을 통해 감성을 분류한다.

감성 인식이 이루어진 후, 인공지능은 그에 맞는 반응을 제공할 수 있다. 감성 인식 시스템이 슬픔을 감지하면 인공지능은 위로의 말을 건넬 수 있으며, 사용자가 기쁘면 함께 기뻐하는 반응을 보일 수 있다. 음성 비서인 아마존의 '알렉사(Alexa)'와 구글의 '어시스턴트(Assistant)'는 사용자의 목소리 톤과 패턴을 분석하여 감정 상태에 맞는 반응을 제공하는데, 사용자가 슬픈 목소리로 이야기할 경우, 이들은 더욱 부드럽고 공감적인 반응을 보인다. 표정 인식 기술로 애플의 '페이스 ID(Face ID)'와 같은 기술은 사용자의 얼굴 표정을 분석하여 감정을 인식하는데, 보안뿐만 아니라 감정 변화를 감지하는 데도 활용될 수 있다. 이러한 상호 작용은 인공지능이 단순한 정보 제공을 넘어, 사용자 감정에 공감하고 적절하게 대응할 수 있도록 한다.

이 기술은 고객 서비스, 교육, 헬스케어 등 다양한 분야에서 활용 가능성을 보여 준다. 고객 서비스에서는 인공지능이 고객의 감정을 인식하여 불만이 있는 경우 신속하게 사과하거나 문제 해결을 위한 적절한 조치를 할 수 있다. 교육 분야에서는 학생의 감정을 이해하고, 그에 맞춰 학습 환경을 조정함으로써 더욱 효과적인 학습 경험을 제공할 수 있다.

감성 공학의 개념과 중요성에서는 기술 발전에 미치는 영향을 다루며, 사용자 경험을 개선하기 위한 감성의 중요성을 강조한다. 독자들은 기술 개발 과정에서 인간 중심의 접근법이 필수적임을 인식하게 되며, 이를 통해 더 나은 사용자 경험을 창출하는 방법을 이해하게 된다.

감성 공학은 기술이 인간 감정을 인식하고 반응하는 능력을 향상해 사용자 경험을 개선하는 데에 필수적이다. 이 분야를 통해 감성 상호 작용의 원리와 응용 방법을 이해하고, 인간 중심의 기술 개발을 추구할 수 있다.

감성 공학의 핵심은 감성을 인식하는 기술이다. 감성을 인식하기 위해서는 표정, 음성 톤, 몸짓, 그리고 텍스트 분석 등 다양한 방법이 사용된다. AI는 사용자의 표정을 분석하여 기쁨 · 슬픔 · 분노와 같은 감정을 파악할 수 있으며 목소리의 톤과 강약, 텍스트에서의 단어 선택 등을 통해 감정을 이해한다. 델브AI(Delve.ai)는 감정 분석에 대한 블로그를 운영하며, 다양한 감정 분석 기술에 대한 정보를 제공한다.

기술 발전에서 감성 공학의 중요성은 매우 크다. 인공지능과 감성 공학이 결합하면서 기계와 인간 간의 상호 작용이 점점 인간다운 방향으로 진화하고 있다. 인공지능이 사람의 감성을 이해하고 그에 맞춰 반응할 수 있게 되면, 기계는 단순한 도구가 아니라 감성적으로 소통할 수 있는 존재로 변화한다.

감성 공학은 기술과 인간의 관계를 깊게 만들고, 더 나은 사용자 경험을 창출하기 위한 기술적 기반을 마련하는 데에 중요한 역할을 한다.

감성 인공지능 기술은 사용자 경험(UX) 분야에서 사용자 감정을 이해하고 반영하여 고객 경험을 개선하는 데에 매우 중요한 역할을 한다. AI가 사용자 감정을 실시간으로 분석함으로써 개인화된 경험을 제공하는 데에 기여하며, 이는 상호 작용의 질을 높이고 사용자 만족도를 증대시키는 효과를 가져온다. 이러한 감성 기반 UX 설계는 사용자의 감성 상태에 따라 상호 작용 방식을 조정하여 더욱 만족스러운 경험을 창출한다.

사용자 경험은 사용자가 제품, 서비스 또는 시스템을 사용할 때 느끼는 모든 측면을 포함하고, 이는 사용자의 감정 · 인지 · 행동 등을 포괄한다. AI는 이러한 상호 작용을 더 직관적이고 감성적으로 상쾌하게 만들어 주며, 예를 들어 AI 기반 가상 비서나 챗봇은 사용자의 질문에 단순히 답하는 데에 그치지 않고, 사용자의 현재 감정을 인식해 맞춤형 반응을 제공할 수 있다. 사용자가 피곤함을 느낄 때 AI는 간단한 정보만 전달하거나 목소리 톤을 부드럽게 조정하여 더욱 편안한 상호 작용을 유도할 수 있다. 이러한 접근은 사용자에게 더 큰 편안함을 주고, 감정적으로 연결된 경험을 제공하는 데에 도움이 된다.

AI의 감성 인식 기술 또한 매우 다양하다. 표정 · 음성 · 제스처 · 텍스트 분석을 통해 사용자의 감성을 파악할 수 있으며, 상호 작용을 더 자연스럽고 개인화된 방식으로 만들 것이다. 표정 인식 기술은 사용자의 표정을 분석하여 감성 상태를 이해하고, 음성 분석은 목소리의 톤과 속도, 강도를 통해 사용자의 감정을 인식한다. 음성이 급하고 강하면 사용자가 스트레스를 받고 있을 가능성을 시사하며, AI는 이 정보를 바탕으로 적절한 반응을 유도하는 데에 활용할 수 있다.

또한, 감성 기반 UX 설계는 삼성과 같은 기업에서 잘 나타난다. 삼성전자의 제품은 사용자 친화적인 인터페이스와 직관적인 조작 방식을 통해 사용자의 긍정적인 경험을 창출한다. 특히 '원UI(One UI)'는 사용자의 손에 맞춘 디자인으로 쉽게 화면을 탐색할 수 있도록 돕고, 다양한 배경 화면과 테마를 제공하여 사용자가 자신의 개성을 표현할 수 있게 한다. 디자인은 사용자에게 제품에 대한 개인적 애착과 만족감을 높여 주는 효과가 있다.

AI와 기계 학습, 딥러닝을 통한 감성 인식 기술은 사용자의 필요에 맞춘 서비스를 제공하여 사용자 경험을 더욱 개인화할 수 있다. 스트레스를 받는 사용자는 차분한 음악을 추천받거나, 휴식이 필요한 경우 명상 애플리케이션이 제안될 수 있다. 캄(Calm) 앱은 명상, 수면, 그리고 차분한 음악을 제공하여 스트레스를 줄이는 데에 도움을 주는데, 다양한 주제의 명상 세션과 자연의 소리를 포함하고 있어 사용자가 편안함을 느낄 수 있다. 프라나 브레스(Prana Breath) 앱은 호흡 훈련과 명상 기능을 제공하여 스트레스 관리에 도움을 주는데, 사용자는 다양한 호흡 기법을 통해 마음을 차분하게 할 수 있다. 이러한 기술들은 고객 서비스, 헬스케어, 교육 등 다양한 분야에서 활용되어 사용자와의 상호 작용을 더욱 원활하고 효과적으로 만들어 줄 것으로 기대된다.

이처럼 인공지능은 사용자 경험의 향상에 기여하며, 사용자 중심 설계의 중요성을 더욱 부각하고 있다. 감성을 이해하고 반영하는 AI 기술을 통해 우리는 더욱 만족스러운 제품과 서비스를 제공할 수 있으며, 이러한 접근은 사용자와의 깊은 감정적 연결을 만들어 나가는 데에 필수적이다.

감성 인공지능의 윤리적 문제는 최근 매우 중요한 이슈로 주목받고 있다. 감성 AI 시스템은 사용자로부터 개인적인 감정 데이터를 수집하는데, 이 데이터에는 민감한 정보가 포함되어 있어 철저한 보호가 필요하다. 데이터 유출이나 해킹과 같은 위험으로부터 사용자의 프라이버시를 지키기 위해 강력한 보안 시스템을 갖추는 것이 필수적이다.

또한, 사용자 프라이버시 보호는 매우 중요한 요소다. 감성 AI가 데이터를 수집할 때는 반드시 사용자 동의를 받아야 하며, 그 데이터가 어떻게 사용되는지 명확히 안내해야 한다. 이를 통해 사용자가 자신의 데이터 처리 방식에 대해 이해할 수 있도록 투명한 정책과 교육이 필요하다.

투명성 또한 신뢰를 구축하는 데에 핵심적인 요소다. 사용자가 감성 AI가 자신의 데이터를 어떻게 처리하는지를 알고 있어야 신뢰를 가질 수 있다. 이러한 투명성을 통해 사용자들은 기술에 대해 신뢰하게 되고, 윤리적 사용을 촉진할 수 있다.

기술 발전이 빠르게 이루어짐에 따라 윤리적 책임도 증가하고 있다. 개발자와 기업은 기술이 사회에 미치는 영향을 항상 고려해야 하며, 긍정적인 방향으로 발전하도록 노력해야 한다. 사용자와의 신뢰를 구축하고 사회적 책임을 다하는 것이 기술 발전과 함께 반드시 필요하다는 점을 강조할 수 있다. 이러한 윤리적 고려는 감성 AI가 사회에 긍정적인 영향을 미치기 위해 필수적이다.

생성형 AI를 이용한 감정 예측 · 분석 기술은 최근 급속히 발전하고 있는 분야다. 실시간 감정 분석 기술은 사용자로부터 수집된 데이터를 바탕으로 감정 변화를 예측하는 데에 중점을 둔다. 생성형 AI는 자연어 처리, 음성 인식, 이미지 분석 등을 통해 사용자의 감정을 정확히 파악하는 능력을 갖추고 있다. 이러한 기술은 특히 고객 서비스, 정신 건강 관리, 교육 분야 등에서 매우 유용하게 활용될 수 있다.

감정 변화를 예측하고 적절한 반응을 제공하는 것은 이 기술의 핵심이다. 고객 서비스 분야에서는 사용자의 감정 상태를 분석하여 불만이나 스트레스를 느끼는 고객에게 적절한 해결책을 제시할 수 있다. 삼성 SDS AICC 상담 분석 서비스는 고객과 상담사의 상담 내용을 분석하여 고객의 불만을 감지하고, 위험을 사전에 탐지하는 기능을 제공한다. 실시간으로 고객의 감정을 정량화하고 상담 품질을 자동으로 점검하여, 고객의 긍정적 또는 부정적 상태를 쉽게 파악할 수 있도록 도우며, 고객

이탈 위험을 사전에 탐지하여 긴급 대응이 가능하다. 이는 고객 만족도를 높이고 기업에 대한 신뢰를 구축하는 데에 기여할 수 있다.

또한, 생성형 AI는 개인 맞춤형 경험을 제공하는 데에 큰 역할을 한다. 사용자별로 감정 패턴을 분석하여 맞춤형 콘텐츠나 피드백을 제공함으로써, 사용자 참여를 증대시키고 긍정적인 경험을 창출할 수 있다.

이 기술의 가능성은 무궁무진하며, 앞으로 더욱 다양한 분야에서 활용될 것으로 기대되는데, 생성형 AI를 통한 감정 예측 · 분석 기술의 발전 방향과 그 활용 방안에 대해 이해하게 될 것이다.

감성 컴퓨팅의 미래와 그 발전에 따르는 윤리적 문제의

감성 컴퓨팅은 인간의 감정을 이해하고 반응하는 기술로, 앞으로 더욱 발전할 것으로 예상된다. 이러한 발전은 우리의 생활 방식과 사회 구조에 많은 영향을 미칠 것이다.

먼저, 감성 컴퓨팅 기술이 사회에 미치는 영향에 대한 고민이 필요하다. 이 기술이 일상생활에 깊숙이 통합됨에 따라 개인의 감정 데이터가 광범위하게 수집되고 분석될 것이다. 이는 개인의 프라이버시와 데이터 보호에 대한 우려를 불러일으킬 수 있다. 따라서 이러한 기술이 어떻게 사용될 것인지, 그리고 어떻게 안전하게 관리될 것인지에 대한 논의가 필수적이다.

또한, 감성 컴퓨팅이 다양한 분야에서 활용되면서 발생할 수 있는 사회적 변화도 고려해야 한다. 교육, 헬스케어, 고객 서비스 등에서 감성 AI가 도입되면 인간의 감정적 상호 작용 방식이 변화할 수 있다. 감성텍이 개발한 하트핏(HeartFit)은 사용자가 카메라를 1분 정도 응시하면 실시간으로 심장 · 표정 반응을 분석한다. 이를 통해 심박수, 집중도, 건강 정보, 표정 등을 파악할 수 있어 헬스케어 분야에서 유용하게 사용될 수 있다. 이는 인간관계의 본질에 영향을 미칠 수 있으며, 기술 의존도가 높아질수록 인간의 감정적 지능이 어떻게 변화할지도 고민해야 할 문제다.

기술이 발전하면서 생기는 윤리적 문제를 해결하기 위해서는 사회적 합의와 규제가 필요하다. 기업과 개발자, 정책 입안자들이 함께 협력하여 윤리적 기준을 설정하고, 이를 바탕으로 기술이 긍정적으로 발전할 수 있도록 해야 한다.

감성을 이해하는 AI는 인공지능과 인간 간의 새로운 연결 고리를 형성하며, 우리의 사회와 삶에 긍정적인 변화를 불러올 것으로 기대된다. 하지만 이러한 발전이 이루어지기 위해서는, 윤리적 문제를 해결하고 기술의 신뢰성을 높이는 것이 무엇보다 중요하다.

감성을 인식하고 응답하는 AI가 우리에게 진정한 가치를 제공하려면 기술 그 자체보다 인간 중심의 접근이 필요하다.

01
인공지능과 감성 공학의 배경

감성 공학은 인공지능이 인간의 감정을 이해하고 반응하는 데에 필수적이다. 이를 통해 AI와의 상호 작용이 더 자연스러워지고, 사용자 경험이 향상된다. 감성 공학의 역사와 발전을 알게 되면, AI가 감정을 인식하고 처리하는 방법과 다양한 응용 분야를 이해할 수 있다.

AI와 1인 창업?

인공지능의 출현과 감성의 역할

인공지능(AI)은 1950년대에 처음 등장했으며, 그 당시에는 주로 논리적 문제 해결에 중점을 두었다. 초기 인공지능 연구는 체스 같은 논리적 문제를 해결하거나 수학적 계산을 빠르게 수행하는 데에 집중하였다. 하지만 시간이 지나면서 AI가 사람들과 더 원활하게 상호 작용을 하려면 단순한 논리 이상의 능력이 필요하다는 점이 주목받았다. 바로 이 시점에서 감성의 역할이 중요해졌다.

인간과 AI의 상호 작용에서 감성이 중요한 이유는 매우 간단하다. 우리는 감성을 통해 의사소통하며, 우리의 말과 행동은 감성에 따라 크게 달라진다. 우리가 화가 나 있거나 슬플 때는 다른 방식으로 말하거나 행동한다. 이러한 감정 상태는 우리의 의사 결정과 반응에 깊은 영향을 미친다. 만약 AI가 이러한 차이를 인식하지 못한다면, 상호 작용이 어색해지고 인간적인 느낌을 상실하게 된다. 따라서 AI가 단순한 도구에서 벗어나 더 인간다운 존재로 발전하기 위해서는 감성 인식 능력이 필요했다.

감성 인식은 AI가 사용자와의 상호 작용에서 더 자연스럽고 직관적인 반응을 제공할 수 있도록 한다. 예를 들어, 고객 서비스 분야에서 AI가 고객의 불만을 감지하고 그에 맞는 공감적인 응답을 제공하면, 고객은 더 나은 경험을 느낄 수 있다. 반대로, AI가 고객의 감정을 무시하고 단순히 정보만 제공한다면, 고객은 소외감을 느끼고 불만이 커질 수 있다.

또한, 감성 인식은 AI가 다양한 사회적 맥락을 이해하고 적절하게 반응하는 데에 도움을 준다. 친구와의 대화에서 유머를 사용하는 경우와 심각한 주제를 다룰 때의 대화 방식은 다르다. AI가 이러한 뉘앙스를 이해한다면, 더 인간적인 상호 작용을 할 수 있게 된다. AI와의 대화에서 유머를 추가하는 것은 사용자에게 새로운 경험을 제공하는데 툴리파이(Toolify) 앱은 귀여운 표현이나 특정 스타일을 통해 대화를 더욱 즐겁게 만들 수 있다.

결론적으로, 감성 인식은 AI의 발전에서 필수적인 요소로 자리 잡았다. 이는 AI가 인간과의 상호 작용에서 더욱 깊이 있는 관계를 형성하고 사용자 경험을 극대화하는 데에 크게 이바지할 것이다. 앞으로 감성을 이해하고 반응하는 AI는 다양한 분야에서 사람들의 삶을 더욱 풍요롭게 만드는 데에 중요한 역할을 할 것으로 기대된다.

감성 공학의 발전

감성 공학은 1990년대 후반에 MIT의 로절린드 피카드(Rosalind Picard) 박사가 '감성 컴퓨팅(affective computing)'이라는 개념을 제안하면서 본격적으로 발전하기 시작했다. 이 시점에서 컴퓨터가 인간의 감정을 인지 · 해석 · 처리할 수 있는 시스템 · 장치를 설계하는 것과 관련된 인공지능을 연구하고 개발하였다. 감성 공학의 발전은 기술과 인간의 상호 작용 방식을 변화시키고, AI가 더욱 인간적인 존재로 자리 잡는 데에 중요한 역할을 했다.

초기에는 표정, 음성의 톤, 그리고 생체 신호(예: 심박수나 피부 전도도)와 같은 외부적인 신호들을 분석하는 방법이 주로 연구되었다. 이 연구들은 컴퓨터가 인간의 감성을 인식하고 반응하는 데에 필요한 데이터를 제공했다. 사람이 화가 났을 때 목소리가 높아지거나 얼굴을 찡그리는 등의 반응은 컴퓨터가 감성을 인식하는 중요한 단서가 된다. 또한, 이러한 신호들은 감정의 강도나 종류를 파악하는 데에도 활용될 수 있다. AI 얼굴 인식 설루션인 인테틱스(Intetics)와 같은 기업들은 AI 기반의 얼굴 인식 · 감정 감지 설루션을 개발하여 기업들이 고객의 감정을 이해하고 서비스를 개선하는 데에 도움을 주고 있다.

더 나아가, 감성 공학은 다양한 기술적 접근 방식을 통합하여 발전해 왔다. 기계 학습과 딥러닝 기술을 활용하여 대량의 데이터를 분석하고 감정 패턴을 학습하는 방법이 개발되었다. 이에 따라 AI는 과거의 경험을 바탕으로 새로운 상황에서도 감정을 인식하고 적절하게 반응하는 능력을 갖추게 되었다. 이 기술들은 고객 서비스, 정신 건강 관리, 교육 등 여러 분야에서 실질적으로 활용되고 있다.

또한, 감성 공학의 발전은 인간과 기계 간의 상호 작용을 더욱 풍부하고 의미 있게 해 준다. AI가 인간의 감정을 이해하고 적절히 반응할 수 있게 되면, 사용자들은 더 나은 경험을 느낄 수 있다. 감성 분석 기술을 활용한 AI 비서는 사용자의 감정 상태에 맞춰 대화를 조정하고, 필요한 경우 적절한 조언이나 위로의 말을 제공할 수 있다. 메이(Mei) AI 비서는 관계 개선을 지원하도록 설계된 메시징 앱이다. 사용자의 문자 대화를 분석하여 조언이나 관찰을 제공하는 기능이 있으며, 이는 감성 분석 기술을 활용하여 사용자의 감정 상태에 맞춘 대화를 가능하게 한다.

결론적으로, 감성 공학은 기술의 발전과 더불어 인간의 감정을 이해하고 반응하는 AI를 만드는 데에 기여하고 있으며, 이는 다양한 산업에서 혁신적인 변화를 불러올 것으로 기대된다. 앞으로의 연구와 개발을 통해 감성 공학은 더욱 발전하여, 인간과 AI 간의 상호 작용을 더욱 자연스럽고 깊이 있게 만들어 줄 것이다.

감정 인식 기술의 원리

감성 인식 기술은 인공지능이 인간의 감정을 이해하는 데에 사용되는 다양한 기술을 의미한다. 인공지능은 얼굴 근육의 움직임을 분석하여 사람들이 어떤 감성을 느끼고 있는지 파악할 수 있다. 기쁨은 입꼬리가 올라가는 웃음으로, 슬픔은 눈썹이 처지고 입이 내려가는 표정으로 나타난다.

음성 분석은 사람의 목소리 톤, 속도, 강도 등이 감성을 나타내는 중요한 요소다. 분노한 사람의 목소리는 보통 크게 들리고 빠른 속도로 말하게 된다. AI는 음성의 변화를 분석하여 사람의 감성을 이해할 수 있다.

텍스트 분석은 소셜 미디어나 메시지에서 사람들이 감성을 텍스트로 표현하는 방식이다. AI는 문장의 구조나 단어 선택을 통해 긍정적, 부정적, 중립적 감성을 파악할 수 있다. "정말 행복해!"라는 문장은 긍정적인 감성을 나타내고, "화가 나!"라는 문장은 부정적인 감성을 나타낸다.

다양한 감성 인식 기술들은 서로 결합되어 인공지능

이 더욱 정확하게 인간의 감정을 이해하고 반응할 수 있도록 한다. 감성 인식은 고객 서비스, 정신 건강 관리, 교육 등 여러 분야에서 활용되며, 사용자와의 상호 작용을 더욱 풍부하고 의미 있게 만들어 주게 될 것이다.

감성 공학의 실생활 응용

감성 공학은 우리 일상생활에서 이미 다양한 방식으로 사용되고 있다. 애플의 시리(Siri)나 아마존의 알렉사(Alexa)와 같은 AI 비서는 사용자의 음성 톤과 감성을 분석하여 더 적절한 반응을 제공한다. 사용자가 피곤한 목소리로 말하면 AI 비서는 편안한 목소리로 대답하거나, 웃음소리를 들으면 긍정적인 반응을 보일 수 있다.

고객 서비스 분야에서는 많은 기업이 AI 기반의 감성 인식 시스템을 고객 서비스에 통합하고 있다. 고객이 화가 난 목소리로 전화를 걸었을 때, AI는 이를 감지하고 상담원에게 알리거나 자동으로 사과 메시지를 보내는 등의 조치를 할 수 있다. 이러한 방식은 고객의 불만을 신속하게 처리하고 고객 경험을 개선하는 데에 큰 도움이 된다. 미국의 AT&T 콜센터는 음성 인식 시스템을 통해 고객의 말투를 분석하고, 상담원에게 고객의 감정 상태에 적합한 답변을 제공하는 시스템을 운영하고 있다.

이를 통해 고객의 불만을 신속하게 파악하고 대응할 수 있게 된다.

의료·상담 분야에서도 감성 공학은 심리 치료나 상담에서 중요한 역할을 할 수 있다. AI는 환자의 감성을 실시간으로 분석하고, 이를 바탕으로 적절한 상담을 제공하고 정신 건강 상태를 추적할 수 있다. 환자가 느끼는 불안이나 우울감을 감지하여, 필요한 경우 즉각적인 지원이나 조치를 제안할 수 있다. 헤어밴드 모양의 마인드스팀(MindSteam)은 환자의 뇌에 전기 자극을 주어 우울증을 치료하는 장치인데. 임상 결과, 6주간 하루 30분 치료를 받은 환자의 62.8%가 증상이 개선되었다고 한다.

이처럼 감성 공학은 다양한 분야에서 실질적으로 활용되고 있으며, 앞으로도 그 응용 범위는 더욱 넓어질 것으로 기대된다. 감성 인식을 통해 AI가 인간의 복잡한 감정을 이해하고, 더 나은 상호 작용을 할 수 있는 기반이 마련되고 있다. 이러한 발전은 사람들의 삶을 더욱 풍요롭게 만들고, 인간과 기계 간의 관계를 더욱 깊이 있게 만들어 줄 것이다.

미래의 감성 공학과 인공지능

감성 공학의 미래는 매우 흥미롭다. 앞으로 AI가 점점 더 발전함에 따라, 감성 인식과 반응 능력도 한층 더 정교해질 것이다. 먼저 의료 분야의 발전으로 AI가 환자의 감성을 분석하고 이를 바탕으로 적절한 치료를 제공하는 데에 더 큰 역할을 할 수 있다. 감성 상태를 기반으로 한 맞춤형 치료가 가능해질 것이다.

교육 분야에서는 감성 인식 AI가 학생들의 감성 상태를 파악하고, 이에 맞춰 교육 방법을 조정할 수 있을 것이다. 학생이 좌절감을 느낄 때 이를 감지하고 더 쉬운 설명을 제공하는 시스템이 개발될 수 있다.

스마트 환경 분야에서도 통합된 스마트 홈 시스템은 가족 구성원의 감성을 감지하고, 이에 맞춰 조명 · 음악 · 온도 등을 자동으로 조절할 수 있을 것이다.

참고문헌

Calvo, R. A., & D'Mello, S.(2010). Affect detection: An interdisciplinary review of models, methods, and their applications. *IEEE transactions on affective computing*, 1(1), pp.18-37. doi:10.1109/T-AFFC.2010.1

Cowie, R., et al.(2000). 'FEELTRACE': An instrument for recording perceived emotion in real time. In *Proceedings of the ISCA Workshop on Speech and Emotion*(pp. 19-24).

Ekman, P., & Friesen, W. V.(1978). *Facial action coding system: A technique for the measurement of facial movement.*

Consulting Psychologists Press.

El Kaliouby, R., & Robinson, P.(2005). Real–time inference of complex mental states from facial expressions and head gestures. In *Proceedings of the 2004 Conference on Computer Vision and Pattern Recognition Workshop* (p.154). doi:10.1109/CVPR.2004.427

McStay, A.(2018). *Emotional AI: The rise of empathic media.* Sage Publications.

Pentland, A.(2008). *Honest signals: How they shape our world.* MIT Press.

Picard, R. W.(1997). *Affective computing.* MIT Press.

Scherer, K. R.(2005). What are emotions? And how can they be measured?. *Social science information*, 44(4), pp.695–729. doi:10.1177/0539018405058216

Tao, J., & Tan, T.(2005). Affective computing: A review. In *Preceedings of ACII 2005*(pp.981–995). doi:10.1007/11573548_125

02
인공지능과 감성 공학의 정의

인공지능과 감성 공학은 인간 중심의 상호 작용을 향상하는 데에 필요하다. 이들을 통해 AI가 감정을 인식하고 반응하는 방법을 이해하며, 교육 · 의료 · 서비스 등 다양한 분야에서 응용할 수 있다.

AI와 MBTI?

인공지능이란 무엇인가?

인공지능은 기계가 인간처럼 학습하고 추론하고 문제를 해결하는 기술을 의미한다. 컴퓨터는 전통적으로 인간이 직접 지시하는 대로 움직였지만, 인공지능은 스스로 데이터를 분석하고, 그로부터 패턴을 찾아 결정을 내릴 수 있다. AI는 우리의 일상에서 점점 더 많이 활용되고 있으며, 스마트폰의 음성 인식부터 자율 주행 자동차에 이르기까지 다양한 분야에서 활용되고 있다.

인공지능은 크게 두 가지로 나뉜다. 첫 번째는 기계 학습(machine learning)이다. 기계 학습은 컴퓨터가 주어진 데이터를 바탕으로 스스로 학습하여 새로운 데이터를 예측하거나 분류하는 기술이다. AI에 수많은 고양이와 개의 이미지를 보여 주면, AI는 고양이와 개의 차이점을 학습하여 새로운 이미지에서도 고양이와 개를 구분할 수 있게 된다.

두 번째는 딥러닝(deep learning)이다. 딥러닝은 인간의 뇌 구조를 모방한 인공 신경망을 사용하여 더욱 복잡한 데이터를 분석하는 기법이다. 이 방법은 사람의 얼굴을 인식하거나, 음성을 변환하거나, 자동으로 번역하며 많은 데이터를 정교하게 처리할 수 있다.

감성 공학이란 무엇인가?

감성 공학은 컴퓨터가 인간의 감성을 인식하고 반응할 수 있도록 만드는 학문이다. 컴퓨터나 로봇이 단순히 명령을 따라 행동하는 것을 넘어, 인간의 감성을 이해하고 이에 맞춰 대응하는 능력을 갖추게 하는 기술이다. 인간은 대화나 몸짓, 표정, 목소리의 변화 등으로 자신의 감성을 표현하는데, 감성 공학은 이러한 표현을 AI가 이해할 수 있도록 도와준다.

스마트폰의 AI 비서가 우리의 목소리에서 감성을 분석할 수 있다면, 우리가 피곤하거나 짜증 난 목소리로 명령할 때 이를 인지하고, 더 부드러운 톤으로 반응할 수 있다. 구글의 AI 모델인 제미나이(Gemini)는 스마트폰에서 감정 인식 기능을 포함한 새로운 기능을 공개했는데, 이 기능은 사용자의 목소리에서 감정을 분석하여 보다 자연스럽고 친근한 대화를 가능하게 한다. 이처럼 감성 공학은 인간과 기계 간의 상호 작용을 더 자연스럽게 만들어 준다.

감성 공학의 핵심은 감성을 인식하는 기술이다. 감성을 인식하기 위해서는 표정, 음성 톤, 몸짓, 그리고 텍스트 분석 등 다양한 방법이 사용된다. AI는 표정을 분석해 사람이 기쁨, 슬픔, 분노 같은 감성을 느끼고 있는지 파악할 수 있다. 마찬가지로 목소리의 톤과 강약, 텍스트에서의 단어 선택 등을 통해 감성을 파악할 수 있다.

인공지능과 감성 공학의 만남

인공지능과 감성 공학이 결합되면서 기계와 인간 간의 상호 작용이 더 인간다운 방향으로 진화하고 있다. 인공지능이 단순히 논리적인 문제를 해결하는 것뿐만 아니라, 사람의 감성을 이해하고 그에 따라 반응할 수 있게 되면, 기계는 더는 차가운 도구가 아니라 감성적으로도 교감할 수 있는 존재로 변모하게 된다.

가상 비서가 사용자의 목소리에서 피곤함을 감지하고 "오늘 힘드신 것 같아요, 무엇을 도와드릴까요?"라고 반응하면, 사용자는 이 비서가 단순한 AI가 아니라 자신을 이해하고 있다는 느낌을 받게 된다. 프로젝트 아스트라(Project Astra) 음성 비서는 카메라를 통해 주변 상황을 인식하고, 사용자의 감정 상태를 파악하여 상호작용할 수 있는 기능을 갖추고 있다. 이는 사용자가 느끼는 피로감이나 스트레스를 감지하고, 이에 맞는 반응을 제공할 수 있는 가능성을 보여 준다. 이런 상호 작용은 사용자 경험을 크게 향상하며, 특히 교육 · 상담 · 의료 등 인간의 감성이 중요한 분야에서 유용하게 적용될 수 있다.

인공지능과 감성 공학의 결합은 기계가 사람의 감성을 더 잘 이해하고, 그에 맞춰 서비스를 제공함으로써 더 효과적인 상호 작용을 가능하게 한다.

감성 공학의 응용: 교육

교육 분야에서 감성 공학은 매우 중요한 역할을 할 수 있다. 전통적인 교육 방식에서는 학생의 감성 상태를 충분히 고려하지 못하는 경우가 많다. 하지만 AI가 학생의 감성을 인식할 수 있다면, 학습 과정에서 학생이 좌절감을 느끼거나 흥미를 잃었을 때 이를 감지하고, 즉각적으로 도움을 제공할 수 있다.

AI 기반의 교육 소프트웨어가 학생의 문제 해결 과정에서 집중력 저하나 좌절감을 감지하면, 문제의 난이도를 조절하거나 격려 메시지를 보내는 등의 방법으로 학습을 도와줄 수 있다. 뷰인터 에듀(ViewInter Edu)는 맞춤형 대입 컨설팅 설루션으로 입시 전문가 노하우와 AI 기반 감성 인식 기술을 통해 사용자 영상 분석으로 면접 대비 시선 처리, 표정, 호감도 등에 대한 컨설팅과 구직자 대상 AI 감정분석을 통해 면접 연습 서비스를 제공한다. 감성 인식 기술은 학생들의 학습 경험을 맞춤화하고, 더 나은 학습 결과를 끌어낼 수 있도록 도와준다.

감성 공학의 응용: 의료

의료 분야에서도 감성 공학은 큰 변화를 불러올 수 있다. 특히 정신 건강 관리와 관련된 분야에서 감성 인식 기술은 매우 유용하게 사용될 수 있다. AI가 환자의 감성을 실시간으로 파악할 수 있다면, 의료진은 더 나은 맞춤형 치료를 제공하고, 환자의 상태에 맞는 적절한 상담을 할 수 있게 된다.

우울증 환자의 감성을 지속적으로 감시하는 AI 시스템은 환자의 감성 상태가 악화하였을 때 의사에게 즉각적으로 알림을 보낼 수 있다. 이를 통해 의사는 신속하게 환자의 상태를 점검하고, 필요시 추가적인 치료 계획을 세울 수 있다. 또한, AI는 환자에게 적절한 조언이나 자가 관리 방법을 제공하여, 환자가 스스로 감정을 조절할 수 있도록 도와준다. 아크릴-D01(ACRYL-D01)은 식품의약품안전처에서 허가한 우울증 진단 보조 AI 설루션으로, 국내에서 첫 번째로 허가된 우울증 스크리닝 소프트웨어다. 이 시스템은 환자의 감정 상태를 모니터링하고, 필요 시 의료진에게 알림을 보낼 수 있는 기능을 포함하고 있다.

더 나아가, 의료 상담 중에 AI가 환자의 감성을 파악하면, 의료진은 환자의 기분이나 감정에 따라 더 공감적이고 적절한 치료를 유도할 수 있다. 환자가 불안감을 느끼고 있다면, AI는 이를 인식하고 상담 중에 더 부드러운 접근 방식을 추천할 수 있다. 이러한 방식으로 감성 공학은 의사와 환자 간의 소통을 개선하고 치료의 효과성을 높이는 데에 이바지할 수 있다.

감성 공학의 응용: 서비스

감성 공학은 서비스 분야에서도 큰 역할을 하고 있다. 고객 서비스에서 AI가 고객의 감성을 분석하고 이에 따라 적절하게 대응할 수 있다면, 고객 만족도를 크게 향상할 수 있다. 고객이 불만을 제기할 때 AI가 고객의 목소리 톤에서 분노를 감지하고, 차분하고 공감하는 어조로 답변을 제공하면 고객의 경험이 더 긍정적으로 변할 수 있다. 이렇게 감정에 맞춰 대응하는 것은 고객이 느끼는 스트레스를 줄이고, 문제 해결에 대한 신뢰를 높이는 데에 도움이 된다.

또한, 감성 인식 기술은 맞춤형 마케팅에서도 효과적으로 사용될 수 있다. AI가 고객의 반응을 분석하여, 그들의 감성에 맞춘 맞춤형 광고나 서비스를 제공할 수 있기 때문이다. 기분이 좋은 고객에게는 유쾌한 메시지를 보내고, 스트레스를 받는 고객에게는 더 부드럽고 편안한 광고를 제공하는 방식이다. 이처럼 고객의 감성을 기반으로 한 마케팅 전략은 고객의 관심을 끌고, 더 높은 구매 전환율을 끌어낼 수 있다.

또한, 감성 공학을 활용한 데이터 분석은 기업이 고객의 행동 패턴을 이해하고 예측하는 데에 도움을 줄 수 있다. 고객의 감정 변화를 추적함으로써, 기업은 적시에 맞춤형 프로모션이나 서비스를 제공하여 고객의 충성도를 높일 수 있다. 이러한 방식으로 감성 공학은 고객과의 관계를 더욱 돈독히 하고 기업의 경쟁력을 높이는 데에 이바지할 수 있다.

감성 공학과 인공지능의 미래

감성 공학과 인공지능의 기술이 발전함에 따라, AI는 더 정교하게 감성을 인식하고 이에 맞춰 반응할 수 있게 될 것이다.

감성 인식 기능이 포함된 자율 주행차는 운전자의 감성 상태를 파악하여 운전 방식을 조정할 수 있다. 만약 운전자가 스트레스를 받거나 피곤한 상태라면, 차량은 더욱 부드럽고 안전한 주행을 선택하거나, 편안한 음악을 재생하여 운전자의 긴장을 완화할 수 있다. 기아자동차의 리드(R.E.A.D.) 시스템은 운전자의 생체 신호를 인식하여 차량 내의 다양한 요소를 통합 제어한다. 이 시스템은 운전자의 감정 상태를 실시간으로 파악하여, 필요에 따라 주행 방식을 조정하거나 편안한 환경을 제공한다. 운전자가 스트레스를 받거나 피곤한 상태일 경우, 차량은 부드러운 주행을 선택하거나 편안한 음악을 재생하여 긴장을 완화할 수 있다. 또한, 스마트홈 시스템은 거주자의 감성에 맞춰 조명 · 음악 · 온도 등을 조절하여 더 쾌적한 환경을 제공할 수 있다. 거주자가 기분이 좋을 때는 밝고 활기찬 조명과 음악을 선택하고, 피곤할 때는 부드러운 조명과 편안한 음악으로 분위기를 전환할 수 있다.

또한, 감성 공학이 발전함에 따라 의료 · 교육 · 상담 등에서 AI의 역할이 더욱 확대될 것이다. AI는 환자의 감성을 실시간으로 모니터링하여, 치료 과정에서 필요한 지원을 즉시 제공할 수 있다. 정신 건강 관리에서 AI는 우울증 환자의 감정 변화를 감지하고 적절한 상담이나 지원을 제공함으로써 치료의 효과성을 높일 수 있다. 교육 분야에서도 AI는 학생의 감성을 이해하고, 학습 과정에서 필요한 맞춤형 도움을 제공함으로써 학습 효과를 극대화할 수 있다.

이처럼 AI는 더는 단순한 도구가 아니라, 인간의 감성

까지 이해하고 이에 맞춰 서비스를 제공하는 더 복잡하고 정교한 시스템이 될 것이다. 이러한 변화는 다양한 분야에서 인간과 기계 간의 상호 작용을 더욱 자연스럽고 효과적으로 만들어 줄 것으로 기대된다. 감성 공학과 인공지능의 결합은 우리의 삶을 한층 풍요롭고 편리하게 만들어 줄 것이며, 앞으로의 발전이 주목된다.

참고문헌

Calvo, R. A., & D'Mello, S.(2010). Affect detection: An interdisciplinary review of models, methods, and their applications. *IEEE transactions on affective computing*, 1(1), pp.18-37. doi:10.1109/T-AFFC.2010.1

Ekman, P.(2003). *Emotions revealed: Recognizing faces and feelings to improve communication and emotional life*. Owl Books.

El Kaliouby, R., & Robinson, P.(2005). Real-time inference of complex mental states from facial expressions and head gestures. In *Proceedings of the 2004 Conference on Computer Vision and Pattern Recognition Workshop* (p.154). doi:10.1109/CVPR.2004.427

Gunes, H., & Pantic, M. (2010). Automatic, dimensional and continuous emotion recognition. *International journal of synthetic emotions*, 1(1), pp.68-99.

McStay, A.(2018). *Emotional AI: The rise of empathic media*. Sage Publications.

Pentland, A.(2008). *Honest signals: How they shape our world.*

MIT Press.

Picard, R. W.(1997). *Affective computing*. MIT Press.

Russell, S. J., & Norvig, P.(2009). *Artificial intelligence: A modern approach*(3rd ed.). Prentice Hall.

Schuller, B., & Batliner, A.(2014). *Computational paralinguistics: Emotion, affect and personality in speech and language processing*. Wiley.

Tao, J., & Tan, T.(2005). Affective computing: A review. In *Preceedings of ACII 2005*(pp.981-995). doi:10.1007/11573548_125

03
기계 학습과 딥러닝에서의 감성

기계 학습과 딥러닝에서 감성은 인간의 감성을 정확히 인식하고 반응하는 데에 필요하다. AI가 감정을 이해하는 방법을 배우며, 사용자 경험을 개선하고 맞춤형 서비스 제공에 활용할 수 있다. 이번 장은 기계 학습과 딥러닝을 기반으로 한 감성 인식 기술을 이해할 수 있다.

AI와 난임 극복?

기계 학습이란?

기계 학습은 인공지능의 한 분야로, 컴퓨터가 사람의 직접적인 프로그래밍 없이도 데이터를 분석하고 학습할 수 있는 기술이다. 기계 학습의 핵심은 데이터를 기반으로 한 학습이다. AI에 수천 개의 사진을 보여 주고 각 사진이 고양이인지 개인지 라벨을 달아 준다면, AI는 이 데이터를 바탕으로 고양이와 개를 구별하는 방법을 스스로 학습하게 된다.

기계 학습은 세 가지 주요 방식으로 나뉜다. 지도 학습, 비지도 학습, 그리고 강화 학습이다. 지도 학습은 AI가 이미 라벨이 달린 데이터를 통해 학습하는 방식이다. 표정에 감성 라벨을 달아 주면, AI는 다양한 감성을 분류하는 방법을 배운다. 비지도 학습은 라벨이 없는 데이터를 분석하고 패턴을 찾아내는 방식이며, 강화 학습은 보상과 벌점을 기반으로 AI가 최적의 행동을 학습하는 방법이다.

이러한 기계 학습의 다양한 방식은 각기 다른 상황에서 유용하게 활용될 수 있으며, AI의 발전에 중요한 기여를 하고 있다.

딥러닝이란?

딥러닝은 기계 학습의 하위 분야로, 인공 신경망(ANN)을 기반으로 작동한다. 인간의 뇌가 뉴런을 통해 정보를 처리하는 방식에서 영감을 받아 설계된 딥러닝은, 복잡한 데이터를 처리하고 학습하는 데에 매우 유용한 도구다. 딥러닝은 특히 이미지 · 음성 · 텍스트와 같은 복잡한 비정형 데이터의 패턴을 처리하는 데에 강점이 있다.

딥러닝의 주요 구조는 여러 층의 뉴런으로 이루어진 신경망인데, 데이터가 신경망의 입력층으로 들어오면 각 층을 통과하면서 정보를 가공하고, 출력층에서 최종적인 예측이나 결정을 내릴 수 있다. 이러한 신경망은 수백 개, 수천 개의 층을 가질 수 있으며, 이를 심층 신경망(DNN)이라고 부른다. 딥러닝은 기계 학습보다 더 많은 데이터를 필요로 하지만, 그만큼 더 정확하고 정교한 분석을 수행할 수 있다.

딥러닝 모델은 감성 인식에서도 중요한 역할을 하는데, 사람의 얼굴 인식, 음성 감정 인식, 텍스트, 표정을 통해 감정을 인식하는 기술이다.

기계 학습과 딥러닝에서의 감성 인식

기계 학습과 딥러닝은 감성을 인식하고 처리하는 데에

중요한 역할을 한다. 감성 인식이란, AI가 사람의 감성을 인식하고 그에 맞는 반응을 학습하는 과정이다. AI는 이러한 데이터를 학습하여 인간의 감성을 정확히 인식할 수 있도록 훈련된다.

기계 학습에서는 감성 데이터를 정리하고 분류한 다음, 알고리듬을 통해 AI가 이러한 데이터를 학습하게 된다. AI는 데이터에서 패턴을 찾아내고, 이를 기반으로 새로운 감성 상태를 예측할 수 있다. 웃는 얼굴이 감성을 나타내는 이미지를 학습한 AI는 새로운 웃는 얼굴을 보고 그 감성을 "행복"이라고 예측할 수 있다.

딥러닝에서는 이 과정이 더욱 복잡하고 정교하게 이루어진다. 얼굴의 미세한 근육 움직임이나 음성의 미세한 변화까지도 분석하고 이를 통해 AI는 표정이나 목소리에서 감성의 미묘한 차이를 인식할 수 있게 된다.

감성 데이터의 처리 과정

AI가 감성을 인식하기 위해서는 감성 데이터를 수집해야 한다. 감성 데이터는 표정, 음성, 텍스트와 같은 다양한 형태로 존재하며, 이를 효과적으로 수집하는 것이 AI 감성 인식의 핵심이다.

첫 번째 단계는 수집된 데이터를 전처리하는 것인데,

데이터는 정제되지 않은 상태로 수집되기 때문에 이를 정리하고 분석할 수 있는 형태로 변환하는 과정이 필요하다. 음성 데이터의 잡음을 제거하거나, 텍스트 데이터에서 불필요한 단어들을 삭제하는 과정이 포함된다. 이 과정에서 토큰화, 불용어 처리, 표제어 등이 추출된다.

두 번째는 감성 분석 모델을 선택하여 감성 라벨링을 해야 한다. 이 과정에서는 감성 데이터를 분석하여 각 데이터에 맞는 감성 라벨을 달아 준다. 특정 표정이 "행복"인지 "슬픔"인지 라벨을 지정하고 이 과정을 통해 AI는 감성 데이터를 모델화하게 된다.

마지막으로, 모델 훈련과 테스트 과정이 이어진다. AI는 라벨이 지정된 데이터를 바탕으로 감성을 학습하고, 새로운 데이터를 테스트하여 그 성능을 평가하게 되는데, 정확도 · 정밀도 등의 지표를 사용한다. 그리고 새로운 데이터에 대해 모델을 사용해서 감성을 예측하고 차트나 그래프를 사용하여 결과 해석 · 시각화와 지속적인 모니터링을 통한 피드백과 개선 작업을 진행하게 된다.

기계 학습과 딥러닝의 사용자 경험 개선

기계 학습과 딥러닝을 사용한 감성 인식은 사용자 경험을 크게 개선할 수 있다. AI가 사용자의 감성을 실시간으로 인식하고, 그에 맞는 맞춤형 서비스를 제공할 수 있기 때문이다. AI는 사용자의 감성 상태를 분석하여 적절한 서비스나 제품을 추천할 수 있다.

사용자의 감성 상태에 따라 개인화된 맞춤형 서비스를 제공하는 방식은 다양하다. AI는 스트레스를 받은 사용자를 감지하면 차분한 음악을 추천하거나, 휴식이 필요한 사용자를 위해 명상 애플리케이션을 제안할 수 있다. 이러한 방식으로 감성 인식 기술은 사용자 경험을 더욱 개인화하고 사용자는 더 관련성 높은 서비스를 제공받아 만족도가 높아지게 된다.

이런 기술은 고객 서비스, 헬스케어, 교육 등 다양한 분야에서 활용될 수 있으며, 사용자와의 상호 작용을 더욱 원활하고 효과적으로 만들어 줄 것으로 기대된다.

고객 서비스에서는 AI가 고객의 감정 상태를 실시간으로 분석하여 불만을 가진 고객에게 즉각적인 해결책을 제시하고, 긍정적인 피드백을 주는 고객에게는 감사의 메시지를 전함으로써 고객 만족도를 높일 수 있다.

헬스케어에서는 감성 인식 기술이 환자의 감정 상태

를 모니터링하여 정신 건강 문제를 조기에 발견하고 적절한 치료를 제공하는 데에 도움을 줄 수 있다.

교육 분야에서는 AI가 학생의 감성을 인식하여 개인 맞춤형 학습 자료를 제공함으로써 학습 효과를 극대화할 수 있다.

감성 인식을 통한 맞춤형 서비스

감성 인식 기술은 맞춤형 서비스 제공에도 매우 유용하게 사용된다. AI는 사용자의 감성 상태를 분석하여, 그에 맞는 맞춤형 콘텐츠를 추천하거나 서비스를 제공한다. 감성 인식 AI는 사용자가 기뻐할 때 긍정적인 메시지나 콘텐츠를 제공하고, 스트레스를 받을 때는 차분한 음악이나 명상 영상을 추천할 수 있다. 이러한 맞춤형 접근은 사용자가 더욱 긍정적인 경험을 느끼도록 돕는다.

특히 추천 시스템에서 감성 인식 기술이 많이 사용된다. 음악 스트리밍 서비스에서는 AI가 사용자의 감성 상태에 맞춰 플레이리스트를 자동으로 추천할 수 있다. 사용자가 우울한 기분일 때는 부드럽고 잔잔한 음악을 추천하고, 기분이 좋을 때는 신나는 곡들을 제안함으로써 사용자의 감정에 맞는 음악 경험을 제공한다. 스포티파이(Spotify)와 같은 플랫폼에서는 AI DJ 기능을 도입하여 사용자의 취향과 음악 소비 습관을 분석하고, 시간대에 맞춰 음악을 추천한다. 이는 사용자가 새로운 콘텐츠를 검색하는 데에 소요되는 시간을 줄여 준다. 이러한 감성 기반 추천은 사용자에게 더욱 개인화된 경험을 선사하며, 사용자가 자신에게 맞는 콘텐츠를 더 쉽게 찾을 수 있도록 한다.

또한, 감성 인식 기술은 사용자 피드백을 통해 지속적으로 개선될 수 있다. AI는 사용자가 어떤 콘텐츠에 긍정적인 반응을 보이는지 학습하고, 이를 바탕으로 더욱 정교한 추천을 할 수 있다. 사용자가 특정 장르의 음악을 여러 번 듣고 긍정적인 반응을 보인다면, AI는 향후 비슷한 장르의 음악을 더 자주 추천하게 된다.

이처럼 감성 인식 기술은 사용자와의 상호 작용을 개선하고 각 개인의 필요에 맞춘 서비스를 제공하는 데에 중요한 역할을 한다.

기계 학습과 딥러닝 감성의 미래

기계 학습과 딥러닝의 발전은 감성 인식 기술의 미래에도 큰 영향을 미칠 것이다. AI는 점점 더 정확하게 인간의 감성을 인식하고, 이에 따라 더 자연스럽게 상호 작용할 수 있게 될 것이다. AI는 실시간으로 사람의 감성 상태를 분석하고, 대화의 내용이나 톤을 즉각적으로 조정할 수 있는 능력을 갖추게 될 것이다.

미래의 감성 인식 AI는 자율 주행차, 스마트 홈, 의료, 교육 등 다양한 분야에서 혁신을 가져올 것이다. 자율 주행차는 운전자의 감성 상태를 실시간으로 분석하여 안전한 운전을 지원할 수 있으며, 스마트 홈 시스템은 사용자의 감성에 맞춰 조명이나 음악을 자동으로 조정할 수 있다.

의료 분야에서는 감성 인식 기술이 환자의 상태를 모니터링하고, 필요한 경우 즉각적인 치료를 제공하는 데에 도움을 줄 수 있다. AI가 환자의 감정을 분석하여 우울증이나 불안 증세를 조기에 발견하고, 적절한 조치를 취할 수 있게 한다.

교육 분야에서도 감성 인식 기술은 중요한 역할을 할 것이다. AI는 학생의 감정을 분석하여 학습 스타일에 맞춘 맞춤형 교육 콘텐츠를 제공함으로써 학습 효과를 극대화할 수 있다.

이처럼 기계 학습과 딥러닝의 발전은 감성 인식 기술을 더욱 정교하고 효과적으로 만들어, 사람들의 삶을 향상하는 데에 이바지할 것으로 기대된다.

참고문헌

Calvo, R. A., & D'Mello, S.(2010). Affect detection: An interdisciplinary review of models, methods, and their applications. *IEEE transactions on affective computing*, 1(1), pp.18-37. doi:10.1109/T-AFFC.2010.1

Ekman, P.(2003). *Emotions revealed: Recognizing faces and feelings to improve communication and emotional life.* Owl Books.

El Kaliouby, R., & Robinson, P.(2005). Real-time inference of complex mental states from facial expressions and head gestures. In *Proceedings of the 2004 Conference on Computer Vision and Pattern Recognition Workshop* (p.154). doi:10.1109/CVPR.2004.427

Goodfellow, I., et al.(2016). *Deep learning.* MIT Press.

Gunes, H., & Pantic, M. (2010). Automatic, dimensional and continuous emotion recognition. *International journal of synthetic emotions*, 1(1), pp.68-99.

McStay, A.(2018). *Emotional AI: The rise of empathic media.* Sage Publications.

Pentland, A.(2008). *Honest signals: How they shape our world.* MIT Press.

Picard, R. W.(1997). *Affective computing.* MIT Press.

Russell, S. J., & Norvig, P.(2009). *Artificial intelligence: A modern approach*(3rd ed.). Prentice Hall.

Schuller, B., & Batliner, A.(2014). *Computational paralinguistics: Emotion, affect and personality in speech and language processing.* Wiley.

Tao, J., & Tan, T.(2005). Affective computing: A review. In

Preceedings of ACII 2005(pp.981-995).
doi:10.1007/11573548_125

04
자연어 처리와 감성 분석

자연어 처리와 감성 분석은 텍스트에서 감성을 이해하고 반응하는 데에 필요하다. 이를 통해 AI는 사용자 감성을 분석하고, 맞춤형 응답을 제공하며, 고객 서비스나 소셜 미디어 분석 등에서 활용할 수 있다. 이번 장은 자연어 처리와 감성 분석의 기초 개념을 쉽게 이해할 수 있도록 구성되어 있으며, 다양한 실생활 응용 사례를 통해 AI 기술이 어떻게 감성을 인식하고 사용자와 상호 작용하는지를 설명한다.

AI와 사주?

자연어 처리란?

자연어 처리(NLP)는 컴퓨터가 인간의 언어를 이해하고 처리할 수 있도록 하는 기술이다. 우리의 언어는 매우 복잡하고 미묘한 의미를 내포하고 있어, 컴퓨터가 이를 단순한 숫자나 기호처럼 다루는 것은 어렵다. NLP는 이러한 인간 언어의 복잡성을 해소하고, 기계가 텍스트나 음성을 통해 의미를 파악할 수 있도록 돕는 기술이다.

NLP의 기초는 문장을 구성하는 요소들을 분리하여 그 안에 담긴 구조와 의미를 분석하는 것이다. 예를 들어, 컴퓨터는 먼저 문장을 토큰화라는 과정을 통해 단어 단위로 분리한 후, 각 단어의 품사(명사 · 동사 · 형용사 등)를 분석한다. 이를 품사 태깅이라고 한다. 그 다음, 문장이 어떻게 구성되어 있는지 구문 분석을 통해 문법적인 구조를 파악한다.

NLP는 이러한 기본적인 과정을 통해 텍스트의 의미를 분석하고, 문맥을 이해할 수 있다. 이 기술은 언어 번역, 챗봇, 감성 분석 등 다양한 분야에서 활용되며, 컴퓨터가 인간과의 상호 작용을 더욱 자연스럽게 만드는 데에 기여하고 있다.

감성 분석이란?

감성 분석은 텍스트에서 감성이나 의견을 추출하는 기술이다. 텍스트는 우리가 감성을 표현하는 중요한 수단으로, 감성 분석을 통해 AI는 이 텍스트가 긍정적인지, 부정적인지, 아니면 중립적인지 판단할 수 있다. 감성 분석은 자연어 처리 기술을 바탕으로 텍스트 내에서 감성적인 요소를 추출하고 분류하는 과정이다.

감성 분석은 다양한 응용 분야에서 유용하게 활용된다. 소셜 미디어 게시물의 감성을 분석하여 대중의 반응을 파악하거나, 고객의 평을 분석하여 제품에 대한 피드백을 수집할 수 있다. 또한, 기업은 이러한 데이터를 바탕으로 마케팅 전략을 조정하거나 고객 서비스 개선에 활용할 수 있다.

더 나아가, 감성 분석은 정치적 여론 조사나 브랜드 이미지 관리에도 중요한 역할을 한다. 정치 캠페인에서는 유권자들의 감성을 분석하여 이슈에 대한 반응을 이해하고, 그에 따라 캠페인 전략을 수정할 수 있다. 투프로스펙트(Toprospect)는 유권자의 감정을 분석하고 예측하는 데에 특화되어 있으며, AI를 통해 데이터를 수집하고 분석한다. 브랜드는 소비자들의 감성을 분석하여 제품 출시 후 대중의 반응을 실시간으로 모니터링하고, 필요시 신속하게 대응할 수 있다.

이러한 방식으로 감성 분석은 기업과 조직이 고객의 의견을 이해하고 시장의 흐름을 파악하는 데에 필수적인 도구로 자리 잡고 있다. AI의 발전과 함께 감성 분석의 정확성과 효율성은 계속해서 향상될 것이며, 개인화된 사용자 경험을 제공하게 될 것이다.

자연어 처리와 감성 분석의 만남

자연어 처리와 감성 분석이 결합하면서 AI는 텍스트에서 감성을 더 잘 인식하고, 그에 따라 반응할 수 있게 되었다. NLP 기술은 AI가 텍스트의 문맥을 이해하는 데에 도움을 주고, 감성 분석은 이 텍스트가 어떤 감성을 담고 있는지 파악하게 한다. 이러한 결합은 AI가 단순히 텍스트의 표면적인 의미를 이해하는 것에서 더 나아가, 텍스트 뒤에 숨겨진 감성까지도 파악할 수 있도록 돕는다.

고객이 서비스에 대해 "별로 만족스럽지 않다"라는 문장을 남겼다면, NLP는 이 문장의 구조와 문맥을 분석하고, 감성 분석은 이 문장이 부정적인 감성을 담고 있음을 인식한다. 이렇게 감성 상태를 파악한 AI는 고객에게 맞춤형 응답을 제공할 수 있다.

이를 통해 고객과의 상호 작용에서 더 공감적이고 적

절한 반응을 제공할 수 있으며, 이는 고객 만족도를 높이는 데에 기여한다. 고객이 느끼는 감정을 정확하게 이해하고, 그에 맞는 대응을 할 수 있는 AI는 기업의 고객 서비스 품질을 한층 강화하는 중요한 도구가 된다.

이처럼 자연어 처리와 감성 분석의 결합은 AI의 상호작용 능력을 향상해 고객과의 관계를 더욱 깊이 있게 해준다. 이러한 기술들은 다양한 산업 분야에서 더욱 발전하여, 사용자 경험을 개인화하고 고객의 요구를 더욱 효과적으로 충족시키는 역할을 할 것이다.

자연어 처리와 감성 분석의 고객 서비스

자연어 처리와 감성 분석은 고객 서비스에서 중요한 역할을 한다. 고객이 남긴 메시지를 분석하고 그들이 느끼는 감성을 이해함으로써, AI는 더 나은 고객 경험을 제공할 수 있다. AI 기반 고객 지원 시스템은 고객의 메시지에서 부정적인 감성을 인식하면, 그 문제를 신속하게 해결하거나 공감적인 응답을 제공할 수 있다.

또한, 고객 서비스에서 감성 분석을 사용하면, 고객 불만을 조기에 파악하고 문제를 해결하는 데에 도움을 줄 수 있다. 고객이 불만을 표시하는 메시지를 남길 때, AI가 이를 감지하여 즉각적인 지원을 제공할 수 있다. 이렇게 하면 고객 불만이 확대되기 전에 문제를 해결할 수 있다.

이러한 방식으로 감성 분석은 고객과의 상호 작용을 개선하고, 고객의 요구를 더욱 효과적으로 충족시키는 데에 기여한다. AI는 고객의 감정을 이해하고, 그에 맞춘 대응을 통해 고객의 신뢰를 얻고, 브랜드에 대한 긍정적인 이미지를 형성하는 데에 도움을 줄 수 있다. 자연어 처리와 감성 분석의 결합은 고객 서비스의 품질을 한층 높이는 중요한 요소로 작용한다.

자연어 처리와 소셜 미디어의 감성 분석

소셜 미디어는 사람들이 감성과 의견을 표현하는 주요 플랫폼 중 하나다. 자연어 처리와 감성 분석을 통해 AI는 소셜 미디어에서 대량의 데이터를 분석하고, 대중의 감성 상태와 트렌드를 파악할 수 있다. 이를 통해 기업은 고객의 반응을 실시간으로 분석하고, 마케팅 전략을 조정하거나 제품 피드백을 수집할 수 있다.

트위터에서 특정 제품에 대한 언급이 증가하고 있을 때, 감성 분석을 통해 그 언급이 긍정적인지 부정적인지를 분석하면, 기업은 해당 제품에 대한 대중의 반응을 즉각적으로 파악할 수 있다. 이를 바탕으로 신속하게 대응할 수 있어, 고객과의 소통을 강화하고 마케팅 전략을 개선할 수 있다. 멘션리틱스(Mentionlytics)는 사용자가 자신과 경쟁사에 대한 감정을 추적할 수 있는 도구이며, 코딩 지식이 필요하지 않아 설정이 간단하다. 또한 엠플리파이(Emplifi)는 AI 기반의 감정 분석과 고급 라우팅 기능을 제공한다.

또한, 소셜 미디어의 감성 분석은 브랜드 이미지 관리에도 중요한 역할을 한다. 기업은 소비자들의 감성을 분석하여 브랜드에 대한 긍정적 또는 부정적인 인식을 이해하고, 이를 통해 필요한 조치를 할 수 있다. 부정적인 반응이 많아지면, 기업은 즉각적인 대응을 통해 문제를 해결하거나 이미지 개선을 위한 캠페인을 진행할 수 있다.

자연어 처리와 감성 분석은 기업이 소셜 미디어에서 고객의 목소리를 효과적으로 듣고, 그에 맞춰 전략을 조정하는 데에 필수적인 도구가 된다.

자연어 처리와 감성 분석의 미래

자연어 처리와 감성 분석 기술은 빠르게 발전하고 있다. 앞으로 AI는 더욱 정교하게 텍스트에서 감성을 인식하고, 사용자와 더 인간적인 상호 작용을 할 수 있을 것이다. 특히 대화형 AI나 가상 비서와 같은 기술이 발전하면서, 감성 분석을 통해 사용자와의 대화가 더욱 자연스럽고 인간적으로 될 것이다.

또한 감성 분석은 고객 서비스와 소셜 미디어 분석을 넘어 의료, 교육, 심리 치료 등 다양한 분야에서도 중요한 역할을 하게 될 것이다. AI가 환자의 감성 상태를 분석하여 적절한 치료 방안을 제시하거나, 학생의 학습 과정에서 좌절감을 감지하여 학습 환경을 조정하는 시스템이 등장할 수 있다.

감성 분석의 응용 범위는 계속해서 확장될 것이며, 이는 AI가 사람들의 감정을 이해하고 그에 맞춰 대응하는 능력을 더욱 향상할 것이다.

참고문헌

Calvo, R. A., & D'Mello, S.(2010). Affect detection: An interdisciplinary review of models, methods, and their applications. *IEEE transactions on affective computing*, 1(1), pp.18-37. doi:10.1109/T-AFFC.2010.1

Cambria, E., et al.(2013). New avenues in opinion mining and sentiment analysis. *IEEE intelligent systems*, 28(2), pp.15-21. doi: 10.1109/MIS.2013.30

Ekman, P.(2003). *Emotions revealed: Recognizing faces and feelings to improve communication and emotional life.* Owl

Books.
El Kaliouby, R., & Robinson, P.(2005). Real–time inference of complex mental states from facial expressions and head gestures. In *Proceedings of the 2004 Conference on Computer Vision and Pattern Recognition Workshop* (p.154). doi:10.1109/CVPR.2004.427
Goodfellow, I., et al.(2016). *Deep learning.* MIT Press.
Liu, B.(2012). *Sentiment analysis and opinion mining.* Morgan & Claypool Publishers.
Manning, C. D., et al.(2008). *Introduction to information retrieval.* Cambridge University Press.
McStay, A.(2018). *Emotional AI: The rise of empathic media.* Sage Publications.
Pang, B., & Lee, L.(2008). Opinion mining and sentiment analysis. *Foundations and trends in information retrieval,* 2(1–2), pp.1 – 135.

05

컴퓨터 비전과 감성 인식

컴퓨터 비전과 감성 인식은 표정, 제스처 등을 통해 감성을 파악하는 데에 필요하다. 이를 통해 AI는 인간의 감성을 시각적으로 이해하고 반응하며, 로봇 공학 · 보안 · 헬스케어 등 다양한 분야에서 활용할 수 있다. 이번 장에서는 컴퓨터 비전과 감성 인식의 기본 개념을 쉽게 이해하고, 이 기술들이 어떻게 다양한 분야에서 응용되는지를 알 수 있다.

AI와 아이돌?

컴퓨터 비전이란?

컴퓨터 비전(computer vision)은 기계가 카메라로 얻은 이미지를 분석하고, 그 안에 있는 객체나 상황을 인식하는 기술이다. 컴퓨터 비전은 마치 인간이 눈으로 세상을 보고 이해하는 것처럼, 기계가 시각적으로 세상을 인식하고 처리하는 능력을 제공한다. 이 기술의 핵심은 컴퓨터가 사진이나 영상을 받아들여 이를 분석하고, 그 안에 있는 사람 · 물체 · 행동 등을 인식하는 것이다.

컴퓨터 비전은 특징 추출(feature extraction)과 객체 인식(object detection)이라는 기본적인 작업을 통해 이미지를 이해한다. 자율 주행차는 카메라를 통해 도로 상황을 인식하고, 보행자와 신호등, 차량을 구분하여 안전하게 주행할 수 있다. 얼굴 인식 기술 역시 컴퓨터 비전의 대표적인 응용 분야로, 이미지나 영상 속에서 사람의 얼굴을 감지하고, 이를 바탕으로 특정한 사람을 식별하거나 감성을 인식한다. 현대자동차의 ADAS(advanced driver assistance systems)는 다양한 센서와 카메라를 통해 운전자의 안전을 보장하는 시스템으로, 차선 유지 · 자동 긴급 제동 등의 기능을 제공한다.

컴퓨터 비전 기술은 다양한 산업에서 활용되고 있으며, 그 응용 범위는 계속해서 확장되고 있다. 의료 분야에서는 이미지 분석을 통해 질병을 조기에 발견하는 데에 사용되며, 제조업에서는 품질 검사와 자동화된 생산 설비에 적용된다. 또한, 보안 시스템에서는 감시 카메라를 통해 이상 행동을 감지하고, 사람이나 물체를 추적하는 데에 활용된다.

감성 인식이란?

감성 인식은 컴퓨터가 인간의 감성을 인식하고 분석하는 기술이다. 감성은 표정 · 음성 · 제스처와 같은 비언어적 신호로 표현되며, AI는 이러한 신호를 분석해 사용자의 감성을 파악할 수 있다. 예를 들어, 얼굴에서 나타나는 미세한 근육의 움직임은 화남 · 기쁨 · 슬픔 등의 감성을 나타낼 수 있다. AI는 이러한 미세한 변화를 분석해 사람의 감성 상태를 추론한다.

감성 인식 기술의 중요한 부분은 표정 분석과 제스처 인식이다. 표정 분석은 눈썹, 입, 눈 주변의 근육 움직임을 기반으로 감성을 추정한다. 눈썹이 찡그려지거나 입이 굳어지는 표정은 보통 불만이나 화를 나타내며, 반대로 입꼬리가 올라가고 눈이 반짝이는 표정은 기쁨을 나타낸다. 이러한 표정의 변화를 정밀하게 분석함으로써 AI는 사람의 현재 감정 상태를 더욱 정확하게 이해할 수 있다.

제스처 인식은 팔의 움직임이나 손짓, 자세 등을 분석해 사용자의 감성 상태를 파악한다. 사람의 팔이 아래로 떨어져 있거나 몸이 움츠러들면 슬픔이나 불안을 나타낼 수 있으며, 활발한 손짓이나 열린 자세는 자신감이나 기쁨을 상징한다. 이러한 비언어적 신호는 감성을 전달하는 중요한 요소로, AI는 이러한 신호들을 종합적으로 분석하여 사용자가 느끼는 감정을 더 깊이 이해할 수 있다.

감성 인식 기술은 인간과 AI 간의 상호 작용을 더욱 자연스럽게 만들고, AI가 사람의 감성을 이해하고 그에 맞춰 대응할 수 있게 한다. 정신 건강 관리에서도 AI가 환자의 감성을 모니터링하고 필요한 지원을 제공하는 데에 큰 도움이 될 수 있다.

감성 인식 기술은 AI가 단순한 정보 제공을 넘어, 인간의 복잡한 감정을 이해하고 그에 맞춰 반응할 수 있는 능력을 키우는 데에 중요한 역할을 한다. 이러한 기술의 발전은 인간과 기계 간의 관계를 더욱 깊고 의미 있게 만들어 줄 것이다.

컴퓨터 비전과 감성 인식의 만남

컴퓨터 비전과 감성 인식 기술이 결합하면 AI는 시각적인 정보를 바탕으로 사람의 감성을 인식할 수 있다. 컴퓨터 비전 기술은 이미지를 처리하고 얼굴 · 몸짓 · 제스처와 같은 시각적 신호를 분석하는 데에 사용된다. 감성 인식은 이러한 시각적 신호에서 감성을 추출하여, AI가 사람의 감성을 이해하고 적절하게 반응할 수 있도록 도와준다.

감성 인식을 위한 AI 시스템은 카메라를 통해 사용자의 얼굴을 분석하고 표정과 눈빛, 입술의 움직임을 감지하여 그 사람이 화가 났는지, 행복한지, 슬픈지 등을 인식한다. 이 과정에서 컴퓨터 비전 기술은 이미지에서 얼굴을 추출하고, 감성 인식 알고리듬은 이 얼굴에서 감성을 분석한다.

이렇게 감성이 인식되면, AI는 그에 맞는 반응을 제공할 수 있다. 감성 인식 시스템이 슬픔을 감지하면 AI는 위로의 말을 건넬 수 있으며, 사용자가 기쁘면 함께 기뻐하는 반응을 보일 수 있다. 상호 작용은 AI가 단순한 정보 제공을 넘어, 사람의 감정에 공감하고 적절한 대응을 할 수 있도록 만들어 준다.

또한, 기술의 응용은 다양한 분야에서 가능성을 보여

준다. 고객 서비스에서는 AI가 고객의 감정을 인식하여 불만이 있는 경우 신속하게 사과하거나 문제 해결을 위한 적절한 조치를 할 수 있다. 교육 분야에서는 학생의 감정을 이해하고, 그에 맞춰 학습 환경을 조정함으로써 더 효과적인 학습 경험을 제공할 수 있다.

컴퓨터 비전과 감성 인식 기술의 결합은 AI가 사람의 감성을 더욱 깊이 이해하고, 인간과의 상호 작용을 더욱 자연스럽고 의미 있게 만들어 줄 것이다.

표정 인식 기술

표정 인식 기술은 감성 인식의 중요한 부분을 차지한다. 인간의 얼굴에는 다양한 근육이 있으며, 이 근육들의 미세한 움직임이 감성을 나타내는 중요한 신호가 된다. 표정 인식 기술은 근육의 움직임을 분석하여 사용자의 감성 상태를 추론한다.

이 기술은 FACS(facial action coding system)와 같은 방법론을 통해 표정을 체계적으로 분석한다. FACS는 얼굴 근육의 움직임을 분류하고 설명하는 시스템으로, 각 표정에 해당하는 특정 근육의 조합을 기준으로 감정을 파악할 수 있게 한다. AI는 이를 바탕으로 감성을 분류하고 인식하는 과정을 거친다.

웃는 얼굴은 입꼬리가 올라가고, 눈 주위 근육이 함께 움직이는 특징을 가지고 있다. AI는 이러한 특징을 포착해 "기쁨"이라는 감성을 인식한다. 반대로 찡그린 얼굴은 눈썹이 아래로 내려가고 입술이 당겨지며 "화남"이나 "슬픔"을 나타낼 수 있다. 이러한 표정의 차이를 인식함으로써 AI는 사용자의 감성을 더욱 정교하게 이해할 수 있다.

제스처와 몸짓 인식

제스처와 몸짓은 표정 외에 감성을 표현하는 중요한 비언어적 신호다. 손짓, 팔의 움직임, 자세 변화 등은 사람의 감성을 드러내는 중요한 단서가 될 수 있다. 예를 들어, 팔짱을 끼고 몸을 뒤로 젖히는 행동은 방어적이거나 불만을 나타낼 수 있으며, 활발하게 손을 움직이는 행동은 흥분이나 기쁨을 나타낼 수 있다.

AI는 컴퓨터 비전 기술을 통해 이러한 몸짓과 제스처를 분석하고, 이를 통해 감성을 인식할 수 있다. 제스처 인식은 스켈레톤 추적(skeleton tracking) 같은 기술을 사용하여 사람의 관절 위치를 추적하고, 이를 바탕으로 몸짓을 분석한다. 이러한 기술은 사람의 신체 움직임을 정밀하게 감지하고, 특정 감정 상태를 유추하는 데에 도움을 준다.

제스처 인식 기술은 특히 헬스케어, 보안, 로봇 공학 분야에서 활용될 수 있으며, 비언어적 신호를 통한 감성 인식이 중요한 역할을 한다. 헬스케어 분야에서는 환자의 몸짓을 분석하여 불안이나 스트레스 상태를 감지하고, 이에 맞는 치료나 지원을 제공할 수 있다. 보안 분야에서는 CCTV나 감시 시스템에서 이상 행동을 감지하는 데에 활용될 수 있으며, 로봇 공학에서는 로봇이 사람의 제스처를 이해하고 적절하게 반응하도록 하는 데에 이바지할 수 있다.

제스처와 몸짓은 감성을 인식하는 데에 매우 중요한 요소로 자리 잡고 있으며, AI가 이러한 비언어적 신호를 분석함으로써 더 나은 인간-기계 상호 작용을 가능하게 한다.

감성 인식과 로봇 공학

로봇 공학에서 감성 인식 기술은 인간과 로봇 간의 상호 작용을 더 자연스럽고 효율적으로 만든다. 로봇이 인간의 감성을 인식하고 그것에 맞게 반응할 수 있다면, 사람들은 로봇과 더욱 감성적으로 연결될 수 있다. 예를 들어, 로봇이 사용자에게 기쁨이나 슬픔을 인식하고 그에 맞는 반응을 제공하면, 로봇은 단순한 기계에서 감성적 지원을 제공할 수 있는 존재로 발전할 수 있다.

도우미 로봇이나 사회적 로봇은 특히 감성 인식 기술을 통해 사람들의 감성 상태를 이해하고, 그에 맞는 상호작용을 제공한다. 어린이와 함께하는 로봇이 슬픔을 감지하고 위로의 말을 건넨다거나, 사용자에게 필요한 도움을 제공할 수 있다.

감성 인식 기술은 노인 돌봄 로봇에서도 큰 역할을 할 수 있다. 노인이 외로움을 느끼거나 불안해할 때, 로봇이 이를 감지하고 대화를 시도하거나 함께 활동을 하도록 유도하는 방식으로 지원할 수 있다.

감성 인식과 보안

보안 분야에서도 감성 인식 기술은 중요한 역할을 할 수 있다. 감성 인식은 비정상적인 행동이나 잠재적인 위협을 감지하는 데에 사용될 수 있다. 공항 보안 시스템이 긴장하거나 불안한 표정을 감지하면, 해당 사람에 대한 추가 검사를 진행할 수 있다. 감성 인식을 통해 AI는 상황을 더 정확히 평가하고, 비정상적인 감성 상태를 조기에 감지할 수 있다.

보안 시스템은 표정, 제스처, 행동 패턴 등을 분석하

여 위험 요소를 조기에 파악하고 예방할 수 있다. 이러한 기술은 공항, 군사 기지, 정부 기관 등 중요한 보안 장소에서 활용될 수 있다. 감성 인식은 비언어적 신호를 통해 잠재적 위협을 빠르게 인식할 수 있는 효과적인 도구가 된다.

또한, 감성 인식 기술은 대규모 인파가 모이는 행사나 공공장소에서도 유용하게 사용될 수 있다. 대형 스포츠 경기나 음악 페스티벌에서 AI가 관중의 감정을 분석하여 이상 징후를 감지하고, 필요한 경우 즉각적인 경고를 발령할 수 있다.

감성 인식 기술은 보안 분야에서 비정상적인 신호를 조기에 감지하고 대응하는 데에 있어 중요한 역할을 할 수 있으며, 이를 통해 더 안전한 환경을 조성하는 데에 이바지할 것이다.

참고문헌

Breazeal, C.(2003). Emotion and sociable humanoid robots. *International journal of human-computer studies*, 59(1-2), pp.119-155.

Calvo, R. A., & D'Mello, S.(2010). Affect detection: An interdisciplinary review of models, methods, and their applications. *IEEE transactions on affective computing*, 1(1), pp.18-37. doi:10.1109/T-AFFC.2010.1

Ekman, P., & Friesen, W. V.(1978). *Facial action coding system: A technique for the measurement of facial movement.* Consulting Psychologists Press.

Li, S. Z., & Jain, A. K.(Eds.)(2011). *Handbook of face recognition*(2nd ed.). Springer.

Pantic, M., & Rothkrantz, L. J.(2003). Toward an affect-sensitive multimodal human-computer interaction. *Proceedings of the IEEE,* 91(9), pp.1370-1390.

Pentland, A.(2008). *Honest signals: How they shape our world.* MIT Press.

Picard, R. W.(1997). *Affective computing.* MIT Press.

Szeliski, R.(2010). *Computer vision: Algorithms and applications.* Springer.

Yannakakis, G. N., & Togelius, J.(2018). *Artificial intelligence and games.* Springer.

Zeng, Z., et al.(2009). A survey of affect recognition methods: Audio, visual, and spontaneous expressions. *IEEE transactions on pattern analysis and machine intelligence,* 31(1), pp. 39-58.

06
감성 공학의 개념과 중요성

감성 공학은 기술이 인간 감성을 인식하고 반응하는 능력을 향상해 사용자 경험을 개선하는 데에 필요하다. 이를 통해 감성 상호 작용의 원리와 응용 방법을 이해하고, 인간 중심의 기술 개발을 추구할 수 있다. 이번 장에서는 감성 공학의 개념을 이해하고 다양한 응용 분야에서 이 기술이 어떻게 적용되는지 구체적으로 알 수 있다.

AI와 야구?

감성과 기술의 만남

기계가 인간의 감성을 인식하는 능력을 갖추게 된 배경은 기술의 발전과 인간 중심의 상호 작용 필요성에서 비롯되었다. 초기 인공지능 시스템은 주로 논리적 문제 해결에 중점을 두었으나, 인간과의 상호 작용에서 감성을 이해하고 반응할 수 있는 능력이 부족했다. 이러한 한계를 극복하기 위해 감성 인식 능력을 갖춘 AI가 등장하게 되었다.

로봇 치료사인 소피아(Sophia)를 들 수 있다. 소피아는 감성 인식 기술을 통해 사람의 표정이나 제스처를 분석하여 감정을 이해하고 그에 맞는 반응을 보인다. 소피아가 어린이와 상호 작용할 때, 아이가 슬픈 표정을 짓고 있다면 위로의 말을 건네거나 웃음을 유도하는 질문을 통해 감정을 회복하도록 돕는다. 이러한 방식은 특히 정서적 지원이 필요한 환자나 어린이에게 큰 효과를 발휘한다.

감성 인식 능력을 갖춘 AI는 사용자 경험을 개선하고 상호 작용을 더 자연스럽게 만드는 데에 기여하고 있다. 감성 인식 기술은 앞으로도 다양한 산업에서 활용될 것으로 기대되며, 사람과 기계 간의 관계를 더욱 깊고 의미 있게 만들어 줄 것이다. 이는 단순히 기계가 명령을 수행하는 것을 넘어, 감정적으로 연결될 가능성을 열어 주며, 인간의 삶의 질을 향상하는 데에 중요한 역할을 할 것이다.

감성 인식의 원리

감성 공학의 핵심은 기계가 어떻게 감성을 인식하는가에 있다. 감성은 여러 가지 방식으로 표현되며, AI는 이를 분석하기 위해 다양한 감성 인식 기술을 사용한다.

표정 인식 기술은 사용자의 얼굴에서 감성을 나타내는 미세한 근육의 움직임을 분석한다. 이 기술은 컴퓨터 비전 알고리듬을 통해 얼굴의 특정 부위를 추적하고, FACS와 같은 방법론을 통해 감정을 분류한다. 줌 IQ 포 세일즈(Zoom IQ for Sales)는 줌(Zoom)의 제품으로, 비디오 커뮤니케이션 중에 사람들의 반응과 참여도를 분석한다. 주로 표정과 보디랭귀지를 통해 사용자의 감정 상태를 파악하는 데 도움을 준다,

또한, 음성 분석 기술은 목소리 톤, 속도, 강도 등을 분석하여 감성을 파악한다. AI는 이러한 음성 데이터를 처리하여 사용자의 감정 상태를 이해하고, 그에 맞는 반응을 제공할 수 있다.

텍스트 분석 기술은 소셜 미디어나 메시지에서 감성

적인 단어를 찾아내어 감성 상태를 분석하는 데에 사용된다. 이 기술은 자연어 처리 알고리듬을 통해 문장에서 긍정적이거나 부정적인 감정을 나타내는 단어와 구문을 식별한다.

감성 인식은 데이터를 기반으로 학습된 알고리듬을 통해 이루어지며, 이 기술이 발전하면서 AI는 점점 더 정확하게 인간의 감성을 이해할 수 있게 되었다. 이러한 발전 덕분에 AI는 사용자와의 상호 작용에서 더욱 자연스럽고 감성적인 반응을 보일 수 있으며, 이는 다양한 분야에서의 응용 가능성을 넓히고 있다.

감성 상호 작용의 원리

감성 상호 작용이란 AI가 인간의 감성을 인식하고 이에 맞춰 반응하는 과정을 의미한다. 이는 단순히 감성을 인식하는 것을 넘어, 감성에 기반한 상호 작용을 어떻게 더 인간적으로 만들 수 있을지를 다룬다. 감성 상호 작용은 사용자가 AI와의 관계에서 더 깊은 정서적 연결을 느끼게 하며, 궁극적으로는 사용자 경험을 향상하는 데에 중요한 역할을 한다.

AI가 사용자의 슬픔을 인식하면, 더 부드럽고 위로하는 방식으로 반응할 수 있다. 이때 AI는 감정적으로 지지하는 말이나 행동을 통해 사용자가 느끼는 감정을 완화하려고 노력할 것이다. 반대로, 기쁨을 감지하면 활발하고 긍정적인 반응을 제공할 수 있다. 이와 같은 반응은 사용자가 AI와의 상호 작용에서 더 많은 긍정적 경험을 하도록 돕는다.

이러한 상호 작용을 가능하게 하려면, AI는 감성을 실시간으로 인식하고 그에 맞춰 반응을 조정할 수 있어야 한다. 이를 위해 AI는 고급 감성 인식 기술을 활용해야 한다. 텍스트 분석 기술은 메시지나 소셜 미디어에서 감성적인 단어를 찾아내어 사용자 상태를 평가하는 데에 사용된다.

AI가 이러한 감성 상호 작용을 효과적으로 수행하기 위해서는, 각기 다른 감정에 대한 적절한 반응을 미리 학습해야 한다. 사용자가 슬프거나 불안한 상태에서 어떤 반응이 가장 위로가 되는지를 학습하여, 실시간으로 적절한 응답을 제공할 수 있어야 한다. 아마존 알렉사(Amazon Alexa)나 구글 어시스턴트(Google Assistant)와 같은 음성 비서들은 사용자의 목소리 톤을 분석하여 감정 상태를 파악하고, 이에 맞는 공감적인 반응을 제공한다.

감성 상호 작용은 AI와 인간 간의 관계를 더욱 깊고 의미 있게 만들어 주며, 이는 사용자에게 더 나은 경험을 제공하는 데에 기여할 수 있다. 앞으로 감성 인식 기술이 발전함에 따라 AI는 더욱 정교하게 인간의 감정을 이해하고 그에 맞춰 반응하는 능력을 갖추게 될 것이다.

감성 인식과 교육

감성 공학은 교육에서도 중요한 역할을 한다. AI는 학생의 감성 상태를 실시간으로 인식하고, 이를 바탕으로 학습 환경을 조정할 수 있다. 이러한 기술은 학생들이 더 효과적으로 학습할 수 있도록 돕고, 학습 경험을 더욱 풍부하게 만든다.

AI는 학생이 어려운 문제에 좌절하거나 집중력이 저하된 상황을 인식할 수 있다. 이 경우, AI는 즉각적으로 학습 자료를 조정하여 학생이 이해하기 쉬운 방식으로 문제를 제시하거나, 격려 메시지를 보내어 학생의 동기를 높일 수 있다. 이러한 즉각적인 피드백은 학생이 느끼는 스트레스를 줄이고, 학습에 대한 긍정적인 태도를 유지하는 데에 도움이 된다.

감성 인식 기술은 교사와 학생 간의 상호 작용을 향상시키는 데도 기여할 수 있다. AI가 학생의 감정 상태를 분석함으로써 교사는 학생의 필요를 더 잘 이해하고, 그에 맞는 지원을 제공할 수 있다. 학생이 불안해하는 모습을 보이면, 교사는 그 학생에게 추가적인 도움을 제공하거나, 좀 더 편안한 분위기를 조성하여 학습을 도울 수 있다. 이러한 상호 작용은 학생의 정서적 안정성을 높이고, 학습 참여도를 증가시키는 데에 중요한 역할을 한다.

감성 공학은 학습 경험을 맞춤화하여 학생의 학업 성취도를 높이는 데에 도움을 줄 수 있는데, AI는 각 학생의 학습 스타일과 감성 상태를 분석하여 개인화된 학습 경로를 제시할 수 있다. 어떤 학생은 시각적 자료를 통해 더 잘 이해하고, 다른 학생은 청각적 자료가 더 효과적일 수 있다. AI는 이러한 정보를 바탕으로 각 학생에게 가장 적합한 자료를 제공하여 학습의 효율성을 극대화할 수 있다. 듀오링고(Duolingo)와 같은 언어 학습 앱은 사용자가 어려워하는 문법이나 단어를 자동으로 반복 학습할 수 있도록 구성되어 있다.

학생의 감성을 이해하고 반영하는 데에 중요한 도구가 되며, 이는 학생들이 더 긍정적이고 효과적으로 학습할 수 있는 환경을 조성하게 할 것이다.

참고문헌

Breazeal, C.(2003). Emotion and sociable humanoid robots.

International journal of human-computer studies, 59(1 - 2), pp.119-155.

Calvo, R. A., & D'Mello, S.(2010). Affect detection: An interdisciplinary review of models, methods, and their applications. *IEEE transactions on affective computing*, 1(1), pp.18-37. doi:10.1109/T-AFFC.2010.1

Ekman, P., & Friesen, W. V.(1978). *Facial action coding system: A technique for the measurement of facial movement*. Consulting Psychologists Press.

McStay, A.(2018). *Emotional AI: The rise of empathic media*. Sage Publications.

Pantic, M., & Rothkrantz, L. J.(2003). Toward an affect-sensitive multimodal human-computer interaction. *Proceedings of the IEEE*, 91(9), pp.1370-1390.

Pentland, A.(2008). *Honest signals: How they shape our world*. MIT Press.

Picard, R. W.(1997). *Affective computing*. MIT Press.

Yannakakis, G. N., & Togelius, J.(2018). *Artificial intelligence and games*. Springer.

07
인공지능과 사용자 경험의 감성

AI가 사용자 감성을 이해하여 더 만족스러운 상호 작용을 제공하는 데에 필요하다. 이를 통해 감성 기반 UX 설계 방법을 배우고, 사용자 만족도와 참여도를 높일 수 있다. AI와 감성 기반 UX가 결합하여 더 나은 상호 작용을 제공하는 방식은 여러 가지가 있다. AI는 사용자의 감정을 실시간으로 분석하고, 이를 바탕으로 개인화된 경험을 제공하는 데에 강력한 도구가 된다.

AI와 운동주?

인공지능과 사용자 경험의 개요

인공지능은 최근 다양한 분야에서 중요한 역할을 하고 있다. 그중에서도 UX는 AI가 기술 그 자체를 넘어 인간과 감성적으로 연결될 수 있는 중요한 접점이다. UX, 곧 사용자 경험이란 사용자가 제품, 서비스, 또는 시스템을 사용할 때 경험하는 모든 측면을 의미하며, 이는 사용자의 감정 · 인지 · 행동 등을 포함한다. 인공지능은 이러한 상호 작용을 더 직관적이고 감성적으로 만족스럽게 만드는 중요한 도구로 자리 잡고 있다.

AI 기반 가상 비서나 챗봇은 단순히 사용자의 질문에 답하는 것에 그치지 않고, 사용자의 감성 상태를 인식하여 맞춤형 반응을 제공할 수 있다. 사용자가 피곤함을 느낀다면 AI는 더 간단한 정보만 제공하거나, 목소리 톤을 부드럽게 조절해 더 편안한 상호 작용을 만들어 낼 수 있다. 이와 같은 반응은 사용자가 AI와의 상호 작용에서 더 큰 편안함을 느끼게 하며, 감정적으로 연결된 경험을 제공한다.

AI는 또한 사용자의 감정을 분석하여 적절한 시점에 격려의 메시지를 보내거나, 필요한 정보를 제공하는 방식으로 상호 작용의 질을 높일 수 있다. 사용자가 스트레스를 받고 있을 때, AI는 이를 인식하고 긴장을 풀 수 있는 음악을 추천하거나, 짧은 휴식을 권장하는 메시지를 전달할 수 있다. 이러한 방식은 사용자가 더욱 긍정적인 감정을 느끼도록 돕고, 기술에 대한 신뢰를 쌓는 데에 기여한다.

AI의 발전으로 인해 사용자와의 상호 작용은 점점 더 자연스럽고 인간적인 방식으로 변화하고 있으며, 이는 사용자와 기술 간의 관계를 더욱 깊게 만들어 준다. 감성 인식 기술이 지속적으로 발전함에 따라, AI는 사용자의 감성을 더 정교하게 이해하고 그에 맞춰 반응하는 능력을 갖추게 된다.

감성 기반 UX는 사용자의 개별적인 요구를 충족시키고, 사용자 경험을 한층 향상하는 데에 기여한다. 이는 다양한 분야에서의 응용 가능성을 넓히며, 헬스케어, 교육, 고객 서비스 등 여러 산업에서 사용자 만족도를 높이는 데에 중요한 역할을 할 것이다. 감성 인식 기술이 앞으로 더욱 발전함에 따라, AI는 사용자와의 상호 작용에서 더욱 깊이 있는 관계를 형성하고, 인간 중심의 기술 환경을 조성하게 할 것이다.

사용자 경험에서 감성의 중요성

사용자 경험 설계에서 감성적 요소는 매우 중요한 역할

을 한다. 사용자가 제품이나 서비스를 사용하는 과정에서 느끼는 감성은 그 경험의 질을 결정하는 중요한 요소 중 하나다. 감성 기반 UX 설계는 사용자의 감성 상태를 고려하여, 그에 맞는 상호 작용을 제공하는 방식이다. 이 과정에서 사용자는 더 큰 만족감을 느끼고, 더 오랫동안 해당 제품이나 서비스에 몰입하게 된다.

삼성의 제품은 감성적 요소를 중요시하는 UX 설계의 좋은 예시다. 삼성의 스마트폰이나 가전제품은 사용자 친화적인 인터페이스와 함께, 직관적인 조작 방식을 제공하여 사용자에게 긍정적인 경험을 선사한다. 또한, 다양한 배경 화면과 테마를 제공하여 사용자가 자신의 개성을 반영할 수 있게 하여, 제품에 대한 개인적 애착을 높인다.

또한, 삼성의 가전제품은 사용자의 일상적인 필요를 반영하여 설계되었다. 삼성의 스마트 냉장고는 내부 카메라와 연결된 앱을 통해 사용자가 냉장고 안의 식품을 쉽게 확인할 수 있게 해 준다. 이런 기능은 사용자의 편리함을 극대화하고, 일상생활에서 스트레스를 줄여 준다. 이는 사용자에게 감성적으로 긍정적인 경험을 제공하며, 제품에 대한 신뢰를 쌓는 데에 기여한다.

애플(Apple) 제품 역시, 디자인과 사용자 인터페이스

(UI)에서 감성적 요소를 잘 반영한 사례로 자주 언급된다. 부드러운 곡선, 직관적인 사용성, 부드러운 애니메이션 등은 사용자로 하여금 더 긍정적인 감성을 느끼게 하며, 제품에 대한 애착을 높인다. 이러한 감성적 경험은 기능적인 면을 넘어 사용자가 제품과 더 깊은 관계를 형성하도록 돕는다.

감성적 요소를 반영한 UX 설계는 사용자가 제품이나 서비스에 대한 더 깊은 애착을 느끼게 하고, 장기적으로는 브랜드의 성공에 기여할 수 있다. 애플과 삼성의 사례에서 볼 수 있듯이, 사용자 중심의 설계를 통해 더욱 향상된 경험을 제공하는 데에 필수적인 요소가 될 것이다.

인공지능이 감성을 인식하는 방법

인공지능이 사용자 경험을 개선하기 위해서는 먼저 사용자의 감성을 인식할 수 있어야 한다. AI가 감성을 인식하는 방법은 표정, 음성, 제스처, 그리고 텍스트 분석을 통해 이루어진다. 각각의 감성 인식 기술은 다양한 방식으로 사용자 경험에 적용될 수 있으며, 이를 통해 상호작용이 더 맞춤화되고 자연스러워진다.

표정 인식에서 AI는 카메라를 통해 사용자의 표정을 분석하고, 미소, 찡그림, 놀람 등의 표정을 인식해 감성 상태를 파악할 수 있다. AI는 사용자가 미소를 지으면 긍정적인 피드백을 제공할 수 있고, 사용자가 찡그리면 문제 해결을 위한 도움이 필요하다고 판단할 수 있다.

음성 분석에서 AI는 사용자의 목소리 톤, 속도, 강도 등을 분석해 감성을 인식할 수 있다. 음성이 급하고 강하면 사용자가 스트레스를 받고 있을 가능성이 크다고 판단할 수 있다. 이러한 분석은 대화의 맥락을 이해하고, 사용자에게 적절한 반응을 제공하는 데에 중요한 역할을 한다.

제스처 인식에서는 사용자의 몸짓을 분석해 감성 상태를 파악하는 데에 사용된다. 사용자가 팔짱을 끼고 몸을 뒤로 젖히면 방어적이거나 불만스러운 상태일 수 있다. AI는 이러한 제스처를 통해 사용자의 감정을 더 정확하게 이해하고, 그에 맞는 대응을 할 수 있다.

텍스트 분석에서는 소셜 미디어나 메시지에서 AI가 사용자의 텍스트에서 감성적 단어를 분석해 감성 상태를 파악할 수 있다. "짜증 나" 같은 표현을 사용하면 부정적인 감성 상태를 감지해 적절한 대응을 할 수 있다. 이를 통해 AI는 사용자의 감정에 맞는 콘텐츠를 추천하거나 필요한 정보를 제공하는 등 더욱 개인화된 경험을 제공할 수 있다.

다양한 감성 인식 기술은 AI가 사용자와의 상호 작용에서 더욱 깊이 있는 이해를 가능하게 하며, 이를 통해 사용자 경험을 한층 향상시키는 데에 기여한다.

감성 기반 UX 설계의 원리

감성 기반 UX 설계는 AI가 감성을 인식한 후, 그에 맞춰 사용자와 상호 작용을 하는 방법을 설계하는 과정을 포함한다. 감성 기반 UX 설계의 핵심은 사용자가 느끼는 감성을 적절히 파악하고, 그 감성에 맞춰 UX를 조정하는 것이다. 이를 통해 AI는 사용자에게 더 개인화되고 만족스러운 경험을 제공하게 된다.

사용자가 좌절감을 느낄 때 AI는 더 쉬운 정보를 제공하거나 격려의 메시지를 전송할 수 있다. 이때 AI는 사용자의 감정 상태를 인식하여, 복잡한 정보나 어려운 질문 대신에 간단하고 명확한 답변을 제시함으로써 사용자가 느끼는 스트레스를 줄여 준다. 이는 사용자가 다시 시도할 수 있도록 동기를 부여하며, 긍정적인 경험으로 이어질 수 있다.

반대로 사용자가 기쁨을 느끼고 있을 때는 AI가 더 적극적인 상호 작용을 통해 긍정적인 경험을 강화할 수 있다. 사용자가 특정 성과를 달성했거나 즐거운 활동을 하고 있을 때 AI는 축하 메시지를 보내거나 관련된 콘텐츠를 추천하여 사용자의 기분을 더욱 좋게 만드는 것이다. 이러한 접근은 사용자가 제품이나 서비스에 대한 애착을 느끼게 하고, 장기적으로 브랜드 충성도를 높이는 데에 기여한다.

이러한 감성 피드백 시스템은 사용자의 감성 변화를 실시간으로 반영하여 사용자와의 상호 작용을 더욱 유연하게 만들어 준다. AI는 지속적으로 사용자 데이터를 분석하고 감성 상태를 추적함으로써, 상황에 맞는 적절한 반응을 제공할 수 있다. 사용자가 스트레스를 받을 때 자동으로 휴식 시간을 제안하거나, 사용자에게 맞춤형 추천 콘텐츠를 제공하는 방식으로 상호 작용을 개선할 수도 있다.

감성 기반 UX_맞춤형 서비스

감성 기반 UX는 맞춤형 서비스를 제공하는 데에 특히 유용하다. 사용자의 감성 상태에 따라 상호 작용을 개인화할 수 있기 때문에, 사용자는 더 만족스러운 경험을 하게 된다. AI는 사용자의 감성을 분석한 후, 그에 맞는 맞춤형 서비스를 제공함으로써 사용자 만족도를 극대화할 수 있다.

스트리밍 서비스에서 AI는 사용자의 기분을 분석해 그에 맞는 음악이나 영화를 추천할 수 있다. 사용자의 감정 상태가 긍정적일 때는 활발한 음악이나 신나는 영화를 추천할 수 있으며, 반대로 사용자가 우울하거나 스트레스를 느끼고 있을 때는 차분한 음악이나 위로가 되는 콘텐츠를 제공하는 방식이다. 이러한 맞춤형 추천은 사용자가 현재의 감정 상태에 맞는 콘텐츠를 쉽게 찾을 수 있도록 돕고, 그 경험을 더욱 풍부하게 만들어 준다.

또한, AI는 사용자의 과거 행동 데이터와 감성 상태를 결합하여 더욱 정교한 추천 시스템을 구축할 수 있다. 사용자가 이전에 감정적으로 힘든 시기에 특정 장르의 영화나 음악을 선호했던 경우, AI는 그 정보를 바탕으로 비슷한 감정 상태에서 적합한 콘텐츠를 추천할 수 있다. 이는 단순한 알고리듬 추천을 넘어, 사용자의 감정적 필요를 이해하고 반영하는 것이다.

이처럼 AI는 감성을 바탕으로 사용자가 필요로 하는 것을 미리 파악하여, 더 나은 맞춤형 경험을 제공할 수 있다. 감성 기반 UX는 사용자와의 관계를 강화하고, 사용자가 브랜드에 대한 긍정적인 인식을 가질 수 있도록 돕는다. 개인화된 경험은 사용자 충성도를 높이고, 반복적인 사용을 유도하는 데에도 큰 역할을 한다.

감성 기반 UX_헬스케어

헬스케어 분야에서도 감성 기반 UX는 매우 중요한 역할을 한다. 특히, 환자의 감성 상태를 모니터링하고, 그에 맞춰 치료 방안을 조정하는 데에 유용하다. AI는 환자의 표정이나 목소리 톤에서 감성 변화를 감지하고, 의사나 상담사에게 이를 알릴 수 있다. 이는 환자의 감성 상태를 실시간으로 추적함으로써 더 나은 맞춤형 치료를 제공하는 데에 이바지할 수 있다.

감성 모니터링은 환자의 전반적인 치료 과정에서 중요한 정보를 제공한다. 환자가 치료에 대한 반응을 개선하기 위해 감정적 지지나 격려가 필요한 시점을 AI가 인식하면, 의료진은 이에 맞춰 적절한 대응을 할 수 있다. 환자가 치료에 대한 불안감을 느끼는 경우, AI가 이를 조기에 감지해 의료진에게 알림으로써 즉각적인 상담이나 지원을 제공할 수 있다. 이러한 접근은 환자의 전반적인 치료 경험을 향상하고 치료 효과를 극대화하는 데에 기여한다.

또한, 정신 건강 관리에서도 감성 기반 UX가 큰 역할을 할 수 있다. 우울증 환자나 불안 장애를 앓고 있는 환자의 감성 변화를 AI가 감지해 적절한 대응을 할 수 있다. AI는 사용자의 일상적인 상호 작용이나 행동 패턴을 분석하여 감정 상태를 파악할 수 있으며, 예를 들어 우울감을 인식하면 자동으로 심리 상담 서비스를 연결하거나 격려의 메시지를 전송할 수 있다. 이는 환자가 필요할 때 적시에 도움을 받을 수 있도록 해 주며, 감정적 지지를 제공하는 데에 큰 도움이 된다.

특히 자가 관리가 중요한 정신 건강 관리에서 더욱 빛을 발할 수 있다. 환자가 자신이 느끼는 감정을 AI에 기록하고, AI가 이를 분석하여 필요한 조치를 제안하는 방식으로 사용될 수 있다. 환자가 특정 감정 상태를 자주 경험할 경우, AI는 그를 대처하는 방법이나 스트레스 관리 기법을 추천할 수 있다.

참고문헌

Calvo, R. A., & D'Mello, S.(2010). Affect detection: An interdisciplinary review of models, methods, and their applications. *IEEE Transactions on Affective Computing*, 1(1), pp.18-37. doi:10.1109/T-AFFC.2010.1

Ekman, P., & Friesen, W. V.(1978). *Facial action coding system: A technique for the measurement of facial movement.* Consulting Psychologists Press.

McStay, A.(2018). *Emotional AI: The rise of empathic media.* Sage Publications.

Norman, D. A.(2004). *Emotional design: Why we love (or hate) everyday things.* Basic Books.

Picard, R. W.(1997). *Affective computing.* MIT Press.

08
감성 인공지능의 윤리적 문제

감성 인공지능의 윤리적 문제는 프라이버시 보호와 감성 데이터의 오용 방지를 위해 필요하다. 이를 통해 윤리적 고려 사항을 이해하고, 책임 있는 AI 개발과 사용 방법을 이해하여, 감성 인공지능(AI)의 윤리적 문제를 다루고, 윤리적 기준에 맞는 책임 있는 AI 개발과 사용 방법을 알아야 한다

AI와 한의학?

감성 인공지능과 윤리적 문제의 등장

감성 인공지능이 인간의 감성을 이해하고 반응할 수 있는 능력이 향상되면서 윤리적 문제들도 등장하고 있다. 감성은 매우 민감한 개인 정보이기 때문에 이를 다루는 과정에서 여러 가지 윤리적 이슈가 발생할 수 있다.

감성 데이터를 불법적으로 활용하는 경우 개인의 프라이버시가 심각하게 침해될 수 있다. 감성 인공지능이 수집한 데이터는 개인의 감정 상태와 관련된 민감한 정보로, 이를 허가 없이 제삼자에게 판매하거나 공유할 때 개인의 사생활이 침해될 수 있다. 기업이 사용자의 감성 데이터를 상업적인 목적으로 이용하거나, 광고 타기팅에 활용할 경우 사용자는 자신이 감성적으로 취약한 상태일 때 그 정보가 악용될 수 있다는 두려움을 느끼게 된다.

감성 인공지능이 사용자 감성을 잘못 해석하는 경우도 있다. 사용자가 슬프거나 불안한 상태일 때 AI가 이를 잘못 판단하고 긍정적인 반응을 하거나, 반대로 사용자가 기쁜 기분일 때 부정적인 피드백을 제공할 수 있다. 이러한 잘못된 해석은 사용자의 감정에 부정적인 영향을 미칠 수 있으며, 특히 정신적 고통을 겪고 있는 사람들에게는 더 큰 문제를 초래할 수 있다.

감성 인공지능이 감성을 기반으로 의사결정을 할 때 윤리적 판단이 결여될 수 있다. AI가 특정 감정 상태에 따라 행동을 결정할 경우, 인간의 복잡한 감정과 상황을 충분히 이해하지 못하고 단순화된 결론을 내릴 수 있다. AI가 우울증 환자의 감성을 감지하고 치료 방법을 제안할 때, 단순히 데이터에 기반한 알고리듬적 접근이 아닌, 인간적인 이해와 공감이 부족한 제안이 이루어질 수 있다. 이는 환자에게 해가 될 수 있으며, 결국 감성 인공지능에 대한 신뢰를 떨어뜨릴 수 있다.

감성 인공지능의 발전은 많은 이점을 가져다주지만, 그와 함께 윤리적 문제도 심각하게 고려해야 한다. 사용자 감성을 정확하게 이해하고 그것을 적절히 활용하는 동시에, 개인의 프라이버시와 감정적 안전을 보호하는 방법이 필요하다. 윤리적 문제를 해결하기 위해서는 기술 개발 단계에서부터 윤리적 기준을 설정하고, 사용자와의 투명한 소통을 통해 신뢰를 구축하는 것이 중요하다.

프라이버시 보호와 감성 인공지능

프라이버시 보호는 감성 인공지능에서 가장 중요한 윤리적 문제 중 하나다. 감성 인공지능은 사용자의 표정,

음성 톤, 텍스트와 같은 자료를 수집하여 감성을 인식한다. 이러한 데이터는 개인의 매우 민감한 정보를 담고 있기 때문에, 이를 안전하게 보호하는 것이 필수적이다.

감성 데이터를 수집할 때, 고려해야 할 점은 데이터의 익명화와 암호화다. 익명화는 수집된 데이터에서 개인을 식별할 수 있는 정보를 제거하는 과정을 의미한다. 이를 통해, 데이터가 외부에 유출되더라도 특정 개인을 추적할 수 없게 된다. 사용자의 얼굴 표정이나 목소리 톤과 같은 데이터를 수집할 때, 해당 데이터와 개인의 신원을 연결할 수 있는 정보를 함께 저장하지 않아야 한다.

암호화 또한 중요한 보호 방법이다. 데이터가 저장되거나 전송되는 과정에서 암호화를 통해 정보의 기밀성을 유지할 수 있다. 이를 통해 해커나 무단 접근자가 데이터에 접근하더라도, 그 내용을 이해할 수 없게 된다. 감성 인공지능이 수집한 데이터는 안전한 암호화 알고리듬을 사용하여 저장하고, 데이터에 접근할 수 있는 권한이 명확히 정의된 사람만 접근할 수 있도록 해야 한다.

개인 정보 처리 규정에 따라 데이터 수집과 사용 절차를 준수하는 것이 중요하다. 각국에서는 개인 정보 보호를 위한 법률과 규정을 마련하고 있으며, 이러한 규정을 준수하는 것은 사용자 신뢰를 구축하는 데에 필수적이다. 데이터 수집 전에 사용자에게 명확한 정보를 제공하고 동의를 받는 절차가 필요하다. 사용자가 자신의 데이터가 어떻게 사용될지에 대한 정보를 알고 동의한 후에만 데이터 수집이 이루어져야 한다.

감성 인공지능 시스템의 투명성을 높이는 것도 중요하다. 사용자는 자신의 감성이 어떻게 인식되고, 어떤 방식으로 데이터가 처리되는지를 이해할 수 있어야 한다. 이를 위해 AI 시스템의 작동 원리와 데이터 처리 방침을 명확하게 설명하고 사용자에게 선택권을 제공하는 것이 필요하다. 사용자가 감성 데이터의 수집을 원하지 않을 경우 이를 쉽게 거부할 수 있는 옵션을 제공해야 한다.

감성 인공지능에서 프라이버시 보호는 기술의 발전과 함께 반드시 고려해야 할 중요한 윤리적 문제로 남아 있다. 사용자 데이터를 안전하게 보호하고, 개인정보 처리 규정을 준수하며, 투명성을 강화하는 방식으로 감성 인공지능이 발전해야 한다.

감성 데이터의 오용 방지

감성 인공지능이 감성 데이터를 수집하고 처리하는 과정에서 상업적 목적 또는 부적절한 목적을 위해 오용될 가능성도 존재한다. 이러한 상황은 윤리적 문제를 초래할 수 있으며, 소비자와 사용자에게 해를 끼치는 결과를 가져올 수 있다.

기업이 소비자의 감성 데이터를 사용해 제품을 더 많이 구매하도록 조작하는 경우를 생각해 볼 수 있다. AI가 소비자의 감정 상태를 분석하여 그들이 불안하거나 스트레스를 느끼고 있을 때, 특정 제품이나 서비스를 추천함으로써 소비를 유도할 수 있다. 이러한 접근은 소비자가 필요로 하지 않는 제품을 구매하도록 만들 수 있으며, 이는 소비자에게 심리적 부담을 줄 수 있다. 특히, 경제적 여유가 없는 소비자에게는 더욱 큰 피해를 초래할 수 있다.

감성 데이터를 통해 사용자에게 특정한 감성을 유도하려는 시도가 있을 수 있다. 광고 회사가 감성 인공지능을 사용하여 사용자에게 특정 제품을 홍보할 때, 사용자의 감정 상태를 조작해 긍정적인 감정을 유도함으로써 구매 욕구를 자극할 수 있다. 이는 소비자가 자발적으로 느끼는 감정이 아닌, 인위적으로 조작된 감정이라는 점에서 윤리적인 문제가 발생한다.

감성 데이터의 오용은 개인의 프라이버시와 자율성을 침해할 수 있다. 소비자는 자신의 감정이 외부의 상업적 목적에 이용되고 있다는 사실을 알지 못할 경우, 무의식적으로 조작된 감정에 따라 행동하게 될 수 있다. 이는 소비자가 자신의 선택이 자유롭다고 믿고 있지만, 실제로는 AI에 의해 영향을 받고 있다는 점에서 큰 문제를 일으킬 수 있다.

감성 인공지능의 오용 가능성은 소비자와 사용자에게 심각한 영향을 미칠 수 있으며, 이는 기업의 신뢰성에도 부정적인 영향을 줄 수 있다. 이러한 문제를 해결하기 위해서는 감성 데이터의 수집과 사용에 대한 명확한 윤리적 기준과 규제가 필요하다. 기업은 사용자에게 투명하게 정보를 제공하고, 감성 데이터를 수집하는 목적과 방법을 명확히 밝혀야 한다. 또한, 사용자가 자신의 감정 데이터가 어떻게 사용되는지를 이해하고, 이에 대해 선택할 권리를 보장하는 것이 중요하다.

감성 인공지능과 데이터 보안

감성 인공지능은 매우 민감한 개인 데이터를 처리하므로 데이터 보안이 중요한 문제로 떠오르고 있다. 감성 데이터를 해킹당하거나 유출된다면 개인의 사생활이 침해될 수 있으며, 이러한 정보는 부정적인 목적으로 사용될 위험이 있다. 따라서 감성 인공지능 시스템은 철저한 보안 체계를 갖추어야 한다.

감성 인공지능의 투명성과 설명 가능성

감성 인공지능은 감성 데이터를 분석해 결정을 내리기 때문에, 그 과정이 투명하고 설명할 수 있어야 한다. 사용자는 AI가 자신의 감성을 어떻게 분석했는지, 그리고 그에 따른 결정이 어떻게 내려졌는지 이해할 수 있어야 한다. 이는 AI가 공정하고 윤리적으로 작동하게 하기 위한 중요한 요소이기 때문이다.

참고문헌

Boddington, P.(2017). *Towards a code of ethics for artificial intelligence*. Springer.

Calo, R.(2017). Artificial intelligence policy: A primer and roadmap. doi:10.2139/ssrn.3015350

Floridi, L.(2014). *The ethics of information*. Oxford University Press.

Goodman, B., & Flaxman, S.(2017). European union regulations on algorithmic decision making and a "right to explanation". *AI magazine*, 38(3), pp.50–57. doi.org/10.1609/aimag.v38i3.2741

McStay, A.(2018). *Emotional AI: The rise of empathic media*. Sage Publications.

Mittelstadt, B. D., et al.(2016). The ethics of algorithms: Mapping the debate. *Big data & society*, 3(2). doi:10.1177/2053951716679679

O'Neil, C.(2016). *Weapons of math destruction: How big data increases inequality and threatens democracy*. Crown Publishing.

Picard, R. W.(1997). *Affective computing*. MIT Press.

Tene, O., & Polonetsky, J.(2013). Big data for all: Privacy and user control in the age of analytics. *Northwestern journal of technology and intellectual property*, 11(5), pp.239-273.

09
생성형 AI를 이용한 감성 예측·분석

생성형 AI를 이용한 감성 예측 · 분석은 사용자 감성을 실시간으로 이해하고 대응하는 데에 필요하다. 이를 통해 감성 변화를 예측하고, 맞춤형 지원과 개선된 사용자 경험을 제공하는 방법을 사용할 수 있다.

AI와 화장품?

생성형 AI 감성 분석의 기본 원리

생성형 AI(generative AI)는 학습한 데이터를 기반으로 새로운 데이터를 생성하고 예측하는 기술이다. 이러한 AI 모델은 단순히 기존 데이터를 분석하는 것에 그치지 않고, 학습한 패턴을 바탕으로 문장 · 이미지 · 음악 등을 만들어 낸다.

이 과정에서 인간의 감성을 기본으로 하는 원리는 매우 중요하다. 감성을 이해하고 반영하기 위해 생성형 AI는 감정 분석 기술을 활용하여 사용자나 대중의 감정 상태를 파악한다. 이를 통해 AI는 특정 감정에 맞는 콘텐츠를 생성할 수 있다. 사용자가 우울한 기분일 때 위로가 되는 메시지나 차분한 음악을 생성하거나, 기쁜 기분일 때는 신나는 음악이나 긍정적인 메시지를 제공할 수 있다.

생성형 AI는 여러 분야에서 활발히 활용되고 있다. 문서 작성이나 블로그 포스트를 자동으로 생성하여 사용자 맞춤형 콘텐츠를 제공하는 데에 큰 도움이 된다. 또한, 이미지 생성 분야에서도 특정 스타일이나 주제에 맞춘 예술 작품을 만들어 내거나, 광고 디자인을 자동으로 생성하는 데에 사용된다. 이러한 감성 기반의 접근은 사용자의 경험을 더욱 개인화하고, 감정적으로 연결될 수 있는 콘텐츠를 제공하는 데에 기여한다.

생성형 AI는 인간의 감성을 이해하고 이를 반영함으로써 창작의 과정을 혁신적으로 변화시킬 수 있는 잠재력을 지니고 있다. 이는 AI가 단순한 도구를 넘어, 인간의 감정과 창의성을 보완하는 중요한 역할을 하게 만든다.

생성형 AI와 감성 예측

생성형 AI는 데이터를 기반으로 미래의 감성 상태를 예측하는 데에 매우 유용한 도구다. AI는 사용자가 과거에 보였던 감성 데이터를 학습하여, 사용자가 다음에 어떤 감성을 느낄지를 예측할 수 있다. AI는 사용자가 주기적으로 스트레스를 받는 상황을 학습한 후, 미래에 비슷한 상황에서 사용자가 어떤 감성을 가질지 예측할 수 있다.

이러한 과정은 감정 분석과 패턴 인식을 통해 이루어진다. AI는 사용자의 과거 감정 데이터를 분석하여 특정 상황에서의 감정 반응을 파악하고, 이를 바탕으로 유사한 상황이 발생했을 때의 감성 변화를 예측한다. 사용자가 특정 업무로 인해 자주 스트레스를 받는다면, AI는 그 업무와 관련된 키워드나 행동 패턴을 인식하고, 향후 유사한 상황에서 사용자가 스트레스를 느낄 가능성을 판단할 수 있다.

또한, 이러한 예측은 개인 맞춤형 피드백이나 지원을 제공하는 데에 활용될 수 있다. AI는 사용자가 스트레스를 받을 것으로 예상되는 시점에 미리 알림을 보내거나 이완 기법, 명상 음악, 또는 상담 서비스를 추천할 수 있다. 이는 사용자가 감정 관리를 더 잘할 수 있도록 돕는 데에 기여하며, 전반적인 정신 건강을 향상시키는 데에 유용하다.

생성형 AI는 사용자의 감성 데이터를 분석하고 미래의 감성 상태를 예측함으로써, 개인화된 경험을 제공하고 감정적 지원을 강화하는 중요한 역할을 하게 된다.

생성형 AI와 맞춤형 사용자 경험

생성형 AI는 사용자의 감성 상태를 분석하고, 이를 기반으로 개인화된 환경을 제공하는 중요한 역할을 한다. 이러한 기술은 감정 데이터와 사용자의 행동 패턴을 학습하여 사용자에게 필요한 순간에 적절한 서비스를 제공할 수 있도록 설계되었다.

사용자가 슬픔을 느끼는 상황에서는 AI가 위로의 메시지를 생성하여 따뜻한 감정을 어루만질 수 있다. AI는 사용자의 톤 · 감정 · 문자 입력 등을 분석하여 감정 상태를 파악하고, 언어와 표현을 선택하여 사용자와 대화할 수 있다. 이러한 결합은 단순히 응답을 넘어, 인간적으로 공감할 수 있음을 나타낸다.

또한, 사용자가 스트레스를 받는 상황에서는 AI가 진정 효과가 있는 음악이나 콘텐츠를 추천하여 사용자의 감정을 안정시킬 수 있다. 음악이나 자연의 소리와 같은 콘텐츠를 제공하거나 사용자의 취향에 맞는 비디오를 추천함으로써 긍정적인 경험을 제공할 수 있다. 이는 사용자에게 편안함을 줄 뿐만 아니라 더욱 쾌적한 환경을 조성한다.

생성형 AI는 사용자 감정에 따라 대화의 분위기를 조정하거나 상황에 맞는 정보를 제공하여 사용자와의 상호 작용을 더욱 원활하게 한다. 사용자가 지루함을 느끼는 경우 흥미로운 이야깃거리나 퀴즈를 제공할 수 있고, 기쁨을 느끼는 경우에는 축하 메시지와 함께 긍정적인 경험을 이어 갈 수 있다.

생성형 AI는 단순히 사용자가 원하는 것을 만족시키는 것을 넘어, 사용자의 감정을 이해하고 공감하는 방식으로 향상된 환경을 제공한다. 이 기술은 사용자에게 큰 도움이 될 뿐만 아니라, 사용자와 AI 간의 관계를 더욱 독창적으로 만들어 준다.

감성 예측 생성형 AI의 응용 분야

감성 예측 생성형 AI는 다양한 산업에서 사용자 감정을 분석하고 예측하여 맞춤형 서비스를 제공함으로써 사용자 경험을 혁신적으로 변화시키고 있다.

마케팅 분야에서는 소비자의 감정 상태를 분석하여 적합한 광고와 상품을 추천하는 방식으로 활용된다. 스트레스를 느끼는 소비자에게는 이완 상품을, 긍정적인 상태의 소비자에게는 새로운 도전을 제공하는 제품을 제안함으로써 구매 전환율을 높이고 브랜드 신뢰를 강화하고 있다. 이러한 개인화된 마케팅은 소비자와 브랜드 간의 정서적 연결을 강화하는 데에 기여한다.

헬스케어 분야에서는 감성 예측 생성형 AI가 음성·표정·생체 신호를 분석해, 우울증이나 불안 장애와 같은 정서적 문제를 조기에 감지하고 맞춤형 상담과 치료를 제안한다. 또한 만성 질환 환자의 정서 상태를 모니터링하여 의료진에게 필요한 정보를 제공함으로써 환자의 웰빙을 증진시키고, 개인화된 의료 서비스를 가능하게 한다.

교육 분야에서는 학생의 학습 패턴과 감정을 분석해 집중력이 저하되거나 좌절감을 느끼는 순간을 감지하고, 이에 따라 학습 난이도를 조정하거나 동기 부여 메시지를 제공한다. 이러한 기술은 학생의 학습 효과를 높이고, 교사가 학생의 정서 상태를 파악해 더 효과적으로 대응할 수 있도록 지원한다.

게임 분야에서는 감성 예측 생성형 AI가 사용자의 감정을 실시간으로 분석해 게임 난이도나 환경을 조정함으로써 몰입감을 높인다. 또한 심리 치료나 스트레스 해소와 같은 새로운 활용 가능성도 열어 주며, 게임 경험을 개인화하는 데에 이바지한다.

스마트 홈 분야에서는 사용자의 감정 상태를 분석해 조명 · 음악 · 온도 등을 조정하여 개인화된 생활 환경을 제공한다. AI는 사용자의 피로를 감지하면 조명을 어둡게 하고 편안한 음악을 재생하며 적절한 온도로 조정하여 사용자에게 편안함과 만족감을 준다.

감성 예측 생성형 AI는 다양한 산업에서 개인화된 서비스를 제공하며, 사용자 경험을 개선하고 각 분야의 효율성을 높이는 데에 중요한 역할을 하고 있다.

감성 예측 생성형 AI의 미래

감성 예측 생성형 AI는 앞으로 더욱 발전하여 다양한 분야에서 혁신적인 변화를 끌어낼 것으로 기대된다. 이러한 기술은 사용자 경험을 한층 향상하고, 개인화된 서비스 제공을 통해 삶의 질을 높이는 데에 기여할 것이다.

감성 예측 생성형 AI는 더욱 정교한 데이터 분석 능력을 갖추게 될 것이다. 최신 딥러닝 모델과 알고리듬의 발전으로, AI는 사용자의 감정 상태를 더 정확하게 분석하고 예측할 수 있게 된다. 이를 통해 기업은 고객의 욕구와 필요를 더 깊이 이해하고, 맞춤형 설루션을 제공할 수 있을 것이다.

다양한 산업에서의 응용이 확대될 것이다. 헬스케어, 교육, 마케팅, 게임 등 여러 분야에서 감성 예측 생성형 AI의 활용이 증가하면서, 사용자와의 상호 작용을 더욱 풍부하고 의미 있게 만들어 갈 것이다. 정신 건강 관리에서 AI는 사용자에게 실시간으로 감정 상태를 모니터링하고, 필요한 경우 즉각적인 지원을 제공할 수 있는 임무를 수행할 수 있다.

감성 예측 AI의 발전과 함께 개인 정보 보호와 데이터 윤리에 대한 논의가 활발해지면서, 기업은 사용자 데이터를 책임감 있게 관리하고 투명하게 처리하는 방식으로 신뢰를 구축해야 할 것이다. AI의 오용을 방지하기 위한 규제와 가이드라인도 마련될 것으로 보인다.

사용자와 AI 간의 상호 작용이 더욱 자연스러워질 것이다. 감성 예측 생성형 AI는 사용자의 감정과 상황에 맞춰 더욱 인간적인 대화를 나누고, 감정적으로 더 깊이 연결될 수 있는 방식으로 발전할 것이다. 이는 사용자에게 더욱 친근하고 신뢰할 수 있는 경험을 제공할 것이다.

감성 예측 생성형 AI는 사회적 문제 해결에도 이바지할 가능성을 가지고 있다. 고독감이나 우울증과 같은 정서적 문제를 조기에 감지하고 이를 해결하기 위한 설루션을 제시함으로써, 사회 전반의 복지 향상에 기여할 수 있다.

참고문헌

Calvo, R. A., & D'Mello, S.(2010). Affect detection: An interdisciplinary review of models, methods, and their applications. *IEEE Transactions on Affective Computing*, 1(1), pp.18-37. doi:10.1109/T-AFFC.2010.1

Crawford, K.(2021). *Atlas of AI: Power, politics, and the planetary costs of artificial intelligence.* Yale University Press.

Goodfellow, I., et al.(2016). *Deep learning.* MIT Press.

Jurafsky, D., & Martin, J. H.(2021). *Speech and language processing*(3rd ed.). Prentice Hall.

Liu, B.(2012). *Sentiment analysis and opinion mining.* Morgan & Claypool Publishers.

McStay, A.(2018). *Emotional AI: The rise of empathic media.* Sage Publications.

Mittelstadt, B. D., et al.(2016). The ethics of algorithms: Mapping the debate. *Big data & society*, 3(2).

doi:10.1177/2053951716679679

O'Neil, C.(2016). *Weapons of math destruction: How big data increases inequality and threatens democracy*. Crown Publishing.

10
미래의 감성 컴퓨팅과 생성형 AI

미래의 감성 컴퓨팅과 생성형 AI는 인간과 기술의 상호 작용을 혁신하는 데에 필요하다. 이를 통해 감성 인식 · 반응 기술의 발전 방향을 이해하고, 다양한 응용 가능성과 사회적 영향을 예측할 수 있다.

종교와 AI?

감성 컴퓨팅과 생성형 AI란 무엇인가?

감성 컴퓨팅과 생성형 AI는 현재 인공지능의 가장 혁신적인 분야 중 하나로, 인간과 기술의 상호 작용을 변화시키고 있다. 감성 컴퓨팅은 기술이 인간의 감성을 인식하고 이에 반응할 수 있도록 만드는 학문이다. 이 기술은 표정, 음성 톤, 몸짓 등의 비언어적 신호를 분석하여 사용자의 감성을 이해한다.

한편, 생성형 AI는 주어진 데이터를 기반으로 새로운 콘텐츠를 생성하는 AI다. 텍스트 생성 AI는 문장을 이어서 쓰거나, 이미지 생성 AI는 텍스트 설명을 바탕으로 이미지를 만든다. 이 두 기술이 결합하면 AI는 사용자 감성을 실시간으로 이해하고, 그에 맞는 맞춤형 콘텐츠를 생성하여 더욱 자연스럽고 개인화된 상호 작용을 가능하게 한다.

감성 인식 기술의 현재와 발전 방향

감성 인식 기술은 앞으로 여러 방향으로 발전할 것으로 예상된다. 이러한 발전은 기술의 정교함을 높이고, 다양한 분야에서의 응용 가능성을 확장하는 데에 기여할 것이다.

정확도를 향상하는 방향으로 나아갈 것이다. 데이터

분석 알고리듬의 발전과 함께 기계 학습과 딥러닝 기법을 활용하여, 비언어적 신호를 더 잘 이해하고 사용자 감정을 더욱 정확하게 파악할 수 있는 시스템이 개발될 것이다. 이는 사용자의 감정 상태를 더욱 신뢰성 있게 분석할 수 있는 기반이 될 것이다.

다양한 신호를 통합하는 방향으로 발전할 가능성이 있다. 현재 감성 인식은 주로 표정 · 음성 · 제스처 등을 개별적으로 분석하지만, 앞으로는 이러한 다양한 신호를 통합하여 종합적으로 감정을 판단하는 시스템이 등장할 것이다. 이렇게 되면 더욱 풍부하고 정확한 감정 분석이 가능해질 것으로 기대된다.

실시간 반응 시스템이 개발될 가능성도 있다. 감성 인식 기술은 실시간으로 사용자 감정을 분석하고 즉각적으로 반응할 수 있는 시스템으로 발전할 것이다. 예를 들어, 고객 서비스나 교육 분야에서 사용자의 감정에 따라 즉각적으로 적절한 대응을 하거나 학습 내용을 조정하는 능력을 갖추게 될 것이다.

또한, 개인화된 경험 제공에 더욱 집중할 것이다. 감성 인식 기술은 사용자의 감정 상태를 기반으로 개인화된 서비스를 제공하는 방향으로 나아갈 것이며, 이를 통해 사용자 맞춤형 콘텐츠나 지원을 제공하여 사용자 경험을 한층 향상시킬 것이다.

윤리적 고려와 규제의 중요성이 커질 것이다. 감성 인식 기술의 발전과 함께 개인 정보 보호와 윤리에 대한 논의가 중요해지며, 기술이 발전함에 따라 사용자 데이터를 안전하게 관리하고 감정 분석이 올바르게 사용될 수 있도록 하는 규제가 필요할 것이다. 이는 사용자 신뢰를 구축하는 데에 필수적이다.

다양한 산업으로의 확장도 기대된다. 현재의 고객 서비스, 교육, 헬스케어 외에도 엔터테인먼트, 스포츠, 스마트 홈 등 다양한 분야에서 사용자 감정을 이해하고 이를 기반으로 한 혁신적인 서비스가 개발될 것이다.

생성형 AI의 발전과 응용 분야

생성형 AI는 AI 기술 중에서도 특히 주목받고 있는 분야로, 주어진 데이터를 학습하여 새로운 데이터를 생성하는 능력을 갖추고 있다. 대표적인 예로는 텍스트를 생성하는 언어 모델인 GPT와 이미지를 생성하는 DALL · E와 같은 모델이 있다. 생성형 AI는 기존의 데이터를 넘어서 새로운 텍스트 · 이미지 · 음악 · 비디오 등을 창출할 잠재력을 지니고 있다.

미래의 발전 방향은 여러 가지 측면에서 기대된다. 우

선, 정확성과 창의성의 향상이 이루어질 것이다. 최신 알고리듬과 모델이 발전함에 따라, 생성형 AI는 더욱 정교하고 창의적인 콘텐츠를 생성할 수 있게 된다. 이는 사용자가 요구하는 특정 스타일이나 주제에 맞춘 결과물을 더욱 정확하게 제공하는 데에 기여할 것이다.

다양한 분야로의 응용 확대도 예상된다. 현재 생성형 AI는 주로 텍스트와 이미지 생성에 사용되고 있지만, 앞으로는 의료 · 교육 · 예술 등 다양한 분야에서 활용될 가능성이 크다. 의료 분야에서는 환자 데이터를 기반으로 맞춤형 치료 계획을 제안하거나, 교육 분야에서는 개별 학생의 학습 스타일에 맞춘 교육 콘텐츠를 생성하는 데에 사용될 수 있다.

인간과의 협업 강화도 중요한 발전 방향이다. 생성형 AI는 인간의 창의성과 협력하여 새로운 아이디어와 콘텐츠를 만들어 내는 도구로 자리 잡을 것이다. 예술가나 작가가 AI를 활용하여 영감을 얻거나, 새로운 작품을 공동으로 창작하는 형태가 더욱 일반화될 것이다.

윤리적 고려와 규제의 필요성도 커질 것이다. 생성형 AI의 발전과 함께 콘텐츠의 진위 여부, 저작권 문제, 윤리적 사용 등에 대한 논의가 중요해질 것이며, 이를 위한 규제가 마련될 필요가 있다. 사용자와 사회가 AI 기술을 신뢰할 수 있도록 하는 체계적인 접근이 요구된다.

또한, 인터랙티브한 경험 제공이 가능해질 것이다. 생성형 AI는 사용자와의 상호 작용을 통해 실시간으로 적응하고 변형된 콘텐츠를 제공함으로써, 더욱 몰입감 있고 개인화된 경험을 창출할 것이다. 이는 게임, 가상 현실, 증강 현실 등 다양한 분야에서 혁신적인 변화를 가져올 수 있다.

감성 컴퓨팅과 생성형 AI의 결합

감성 컴퓨팅과 생성형 AI가 결합하면 더욱 혁신적인 상호 작용이 가능해진다. 감성 컴퓨팅은 사용자의 감성을 인식하는 기술로, 표정 · 음성 · 제스처와 같은 비언어적 신호를 분석하여 사용자의 감정 상태를 파악한다. 반면, 생성형 AI는 주어진 데이터를 기반으로 새로운 콘텐츠를 실시간으로 생성하는 능력을 갖추고 있다. 이 두 기술이 결합하면 AI는 사용자의 감정에 맞춘 맞춤형 콘텐츠를 즉각적으로 제공할 수 있게 된다.

감성 인식 AI가 사용자가 슬픔을 느끼고 있다는 것을 파악하면, 생성형 AI는 그 감정에 맞춰 위로의 말을 건네거나, 사용자가 듣고 싶어 할 음악을 즉시 생성할 수 있다. 이러한 상호 작용은 단순한 정보 제공을 넘어, 사용자에게 감정적으로 연결된 경험을 선사한다.

이 결합은 고객 서비스, 정신 건강 관리, 교육 등 다양한 분야에서 활용될 수 있다. 고객 서비스에서는 사용자의 불만이나 스트레스를 감지하고, 생성형 AI가 즉각적으로 적절한 해결책을 제시하거나, 감정적으로 지지하는 답변을 제공할 수 있다. 정신 건강 관리에서는 사용자의 감정 상태를 모니터링하여 필요한 때에 맞춤형 상담이나 지원을 제안할 수 있다.

교육 분야에서도 이 기술의 활용이 기대된다. 학생의 감정 상태를 분석하여 집중력이 떨어지거나 좌절감을 느낄 때, 생성형 AI가 동기 부여 메시지나 학습 자료를 제공함으로써 학습 효과를 높일 수 있다.

감성 컴퓨팅과 생성형 AI의 결합은 사용자와의 상호작용을 더 풍부하고 의미 있게 만들어 주며, 다양한 분야에서 혁신적인 설루션을 제공할 잠재력을 가지고 있다.

감성 컴퓨팅과 AI의 사회적 영향

감성 컴퓨팅과 생성형 AI는 최근 인간의 삶을 더욱 편리하고 유익하게 만드는 중요한 기술로 자리 잡고 있다. 감성 컴퓨팅은 사용자의 감정을 이해하고 이를 기반으로 적절한 서비스를 제공하여 삶의 질을 향상하는 데에 이바지한다. 스마트 홈 시스템은 사용자의 기분에 따라 조명 · 온도 · 음악 등을 조정하여 쾌적한 환경을 조성할 수 있다. 개인의 감정을 반영하여 맞춤형 경험을 제공함으로써 사용자 만족도를 높인다.

생성형 AI는 개인화된 콘텐츠를 신속하게 생성하고 다양한 활동을 지원하며, 사용자 참여를 촉진하는 데에 큰 역할을 한다. 특히 정신 건강 관리 분야에서는 사용자의 상태를 모니터링하고 각 개인에게 적합한 서비스를 제공함으로써, 정신적 안정과 건강을 도모할 수 있다. 또한, 다양한 사용자에게 포용적인 서비스를 제공하여 사회의 다양한 요구를 충족시키는 데에 이바지할 수 있다.

그러나 이 기술의 발전에는 부정적인 측면도 존재한다. 첫째, 기술 접근성의 차이로 인해 사회적 불균형이 심화할 수 있다. 고급 기술을 선호하는 소비자와 그렇지 않은 소비자 간의 격차가 커질 위험이 있다. 둘째, 데이터 편향 문제가 중요한 이슈로 떠오르고 있다. AI는 학습 데이터에 의존하기 때문에, 잘못된 데이터나 편향된 데이터를 학습할 경우 특정 집단을 차별하거나 불공정한 결과를 초래할 수 있다. 감성 컴퓨팅이 특정 문화권의 데이터를 기반으로 학습되면, 다른 문화권의 감정을 잘못 해석할 위험이 있다.

또한, 감성 관련 데이터의 수집과 분석 과정에서 개인 정보 보호 문제가 발생할 수 있다. 감성 컴퓨팅이 개인의 감정을 지속적으로 모니터링하고 이를 악용할 경우, 개인의 사생활이 침해될 수 있다. 더불어 생성형 AI가 가짜 뉴스나 허위 정보를 생성하는 데에 사용된다면, 사회적 신뢰가 크게 훼손될 수 있다. AI의 의사 결정이 인간의 의지와 관계없이 이루어질 경우, 책임 소재에 대한 논란이 발생할 수 있다.

따라서 감성 컴퓨팅과 생성형 AI의 긍정적인 영향을 극대화하기 위해서는, 데이터 보안을 강화하고 편향을 줄이며 책임 있는 기술 사용을 지향해야 한다. 이를 통해 기술 발전이 사회에 긍정적인 자산으로 작용할 수 있도록 해야 한다. 이러한 다양한 방향으로 접근함으로써, 기술이 인간의 삶을 더 나은 방향으로 이끌 수 있도록 노력해야 할 것이다.

참고문헌

Crawford, K.(2021). *Atlas of AI: Power, politics, and the planetary costs of artificial intelligence.* Yale University Press.

Floridi, L.(2014). *The ethics of information.* Oxford University Press.

Goodfellow, I., et al.(2016). *Deep learning.* MIT Press.
Jurafsky, D., & Martin, J. H.(2021). *Speech and language processing*(3rd ed.). Prentice Hall.
McStay, A.(2018). *Emotional AI: The rise of empathic media.* Sage Publications.
Mittelstadt, B. D., et al.(2016). The ethics of algorithms: Mapping the debate. *Big data & society*, 3(2). doi:10.1177/2053951716679679
Picard, R. W.(1997). *Affective computing.* MIT Press.

이성태

서울사이버대학교 공과대학 컴퓨터공학과, 방위산업국방경영학과 교수다. 조선대학교 전자계산학 전공으로 이학박사 학위를, 고려대학교 문화콘텐츠학 전공으로 문학박사 학위를 받았다. 서울사이버대학교에서 교무처장, 학생처장, 공과대학 학장을 역임하였으며, 현재 국방융합대학 학장과 육군 발전자문위원회 정책 분과 자문위원, 광진구청·동대문구청 정보화추진위원회 위원, 도봉구 업무 평가위원회 위원, 한국원격대학협위회 AI융합교육원 운영위원, 직업능력 심사평가원 컨설턴트로 활동하고 있다. 주요 저서로 『인공지능 윤리로 갓생살기 KMOOC 인공지능 윤리 강의를 책으로 읽다!』(2022), 『메타버스의 정석 feat. 게더타운』(2022), 『온라인 강의 콘텐츠 쉽게 만들기』(2020) 등이 있다. “확장형 온라인 교육을 위한 메타버스 플랫폼 시나리오와 설계 및 구현 연구”(2024), “경력전환교육을 위한 대형언어모델(LLM)의 접근성: 체계적 문헌연구”(2025) 등의 논문을 학술지에 게재했다.